NAJLEPSZE NASIONA KSIĄŻKA KUCHARSKA

100 przepisów zawierających pestki dyni, nasiona słonecznika i nie tylko

Klara Chmielewska

Prawa autorskie ©2024

Wszelkie prawa zastrzeżone

Żadna część tej książki nie może być wykorzystywana ani przekazywana w jakiejkolwiek formie i w jakikolwiek sposób bez odpowiedniej pisemnej zgody wydawcy i właściciela praw autorskich, z wyjątkiem krótkich cytatów użytych w recenzji . Niniejsza książka nie powinna być traktowana jako substytut porady lekarskiej, prawnej lub innej porady zawodowej.

SPIS TREŚCI

SPIS TREŚCI 3
WSTĘP 6
NASIONA DYNI 7
   1. Nasiona dyni azjatyckiej 8
   2. Ogniste Pestki Dyni 10
   3. Czekoladowe banany Goji 12
   4. Cukinia z Pesto Dyniowym 14
   5. Sałatka z pieczonego bakłażana 16
   6. Mieszanka przekąsek jesiennych żniw 18
   7. Mieszanka przekąsek na Halloween 20
   8. Mieszanka szlaków z popcornem i jagodami 22
   9. Mieszanka szlaków Ashwagandhy 24
   10. Lody Tostada z cukrem cynamonowym 26
   11. Surowe parfait z mlekiem spirulinowym 29
   12. Babeczki lniane żurawinowo-pomarańczowe 31
   13. Super Chunky Granola z przyprawami Chai 33
   14. Miseczki z sernikiem dyniowym 36
   15. Śniadanie ze słodkich ziemniaków z jogurtem herbacianym z hibiskusa 39
   16. Miski śniadaniowe z komosą kokosową 42
   17. Lamington dyniowy 44
   18. Sałatka ze szpinakiem i truskawkami z dressingiem Margarita 47
NASIONA SŁONECZNIKA 49
   19. Mieszanka przekąsek na letni piknik 50
   20. Mieszanka do grillowania Munch 52
   21. Mieszanka suszonych owoców i orzechów 54
   22. Bajgle pełnoziarniste z nasionami słonecznika 56
   23. Buraki z Gremolatą Pomarańczową 58
   24. Sałatka z brokułów i awokado 60
   25. Batony Ashwagandha z nerkowców 62
   26. Tarty Sernik Amaretto 65
NASIONA SEZAMU 67
   27. Sałatka z wodorostów po pekińsku 68
   28. Kanapka Jabłkowa z Jagodami Goji 70
   29. Babeczki Matcha Mochi 72
   30. Ciasteczka księżycowe ze śnieżną skórką sezamu i makadamii 74
NASIONA MELONA 77
   31. Sałatka Gruszkowo-Orzechowa 78
   32. Ciasteczka księżycowe z ciemną czekoladą i kawą 80
   33. Ciasteczka księżycowe z niebieskim lotosem 82
   34. Ciastko księżycowe z białą kawą 85
   35. Ciasto księżycowe ze śnieżną skórą Kahlua 88
NASIONA CHIA 91

36. Ciasteczka ze spiruliną 92
37. Płatki owsiane z groszkiem motylkowym 94
38. Miska smoothie z matchą i groszkiem motylkowym 96
39. Pączki w polewie z groszku motylkowego 98
40. Biscotti z żurawiną i nasionami chia 100
41. Pudding chia z kwiatem czarnego bzu 102
42. Miska na smoothie z kwiatem czarnego bzu 104
43. Dżem Chia z kwiatu czarnego bzu 106
44. Ukąszenia energetyczne hibiskusa 108
45. Puddingi chia w słoiku z przetworami 110
46. Nocna owsianka Matcha 112
47. Koktajl z awokado Matcha 114
48. Pistacje gruszkowe w słoikach 116

SIEMIE LNIANE/NASIONA LNU 118
49. Wegańskie klopsiki pieczone w piekarniku 119
50. Ciasteczka Błonowe Okrągłe 121
51. Ciasteczka czekoladowe w pudełku śniadaniowym 123
52. Krakersy Fonio i Moringa 125
53. Bez pieczenia i energii z Nutellą 127
54. Jabłko Borówka Orzech Crisp 129
55. Koktajl oczyszczający z jagód i boćwiny 131

NASIONA KARDAMONU 133
56. Indyjska Masala Chai Affogato 134
57. Lody Chai 136
58. Herbata z Płatkami Wodorostów Kombu 139
59. Ciasteczka maślane pomarańczowo-kardamonowe z polewą różaną 141

NASIONA KONOPI 145
60. Pulpety z Buraków Czerwonych 146
61. Nocna owsianka ze spiruliną jagodową 148
62. Miska na smoothie brzoskwiniowe 150
63. Kora Czekoladowa z Jagodami Goji 152
64. Zielona herbata i imbir Koktajl 154

MAK 156
65. Gofry Cytrynowo-Makowe 157
66. Carbquik Białys 159
67. Babeczki cytrynowe Carbquik 162

GORCZYCA NASIONA 164
68. Burek 165
69. Chutney rabarbarowy 168
70. Marynowane Rzodkiewki 170
71. Musztarda Microgreen Dal Curry 172
72. Musztarda Prosecco 174
73. Proso, ryż i granat 176
74. Chutney żurawinowo-figowy 178

NASIONA KORURU 180

75. Ciasto Tres Leches z nasionami kopru włoskiego 181
76. Wolno pieczona łopatka jagnięca 185
77. Herbata z rumianku i kopru włoskiego 187

NASIONA KMINKU 189
78. Wieprzowe ciasto wieprzowe 190
79. Zupa kokosowa Supergreens i Spirulina 192
80. Niemiecka kiełbasa 194
81. Solone krakersy kminkowo-żytnie 196

NASIONA CZARNUSZKI/NASIONA CZARNUSZKI 198
82. Tarta Bakłażanowa Z Kozim Serem 199
83. Bułeczki z kurczakiem 202
84. Mieszanka przypraw Tikur Azmud (mieszanka czarnego kminku) 205
85. Zielone curry z kurczakiem Matcha i limonką 207

NASIONA PAPAJI 210
86. Salsa z nasion papai 211
87. Koktajl z nasionami papai 213
88. Zaprawa z nasion papai 215

MIESZANE NASIONA 217
89. Thandai Tres Leches 218
90. Marynowane Rzodkiewki 221
91. Curry dyniowe z pikantnymi pestkami 223
92. Sałatka z kapusty i granatu 225
93. Sałatka z marchewki i granatu 227
94. Przyprawa do herbaty Masala 229
95. Przyprawiona ciecierzyca chilli 231
96. Krakersy żurawinowo-orzechowe 233
97. Godiva i kora czekolady migdałowej 236
98. Miski do squasha Goji 238
99. Miska jogurtowa Superfood 240
100. Miski z papają i kiwi 242

WNIOSEK 244

WSTĘP

Witamy w „NAJLEPSZE NASIONA KSIĄŻKA KUCHARSKA", kulinarnej przygodzie, która celebruje różnorodność i wszechstronność nasion. Od nasion dyni po nasiona słonecznika i nie tylko, nasiona są nie tylko odżywczymi elektrowniami, ale także dodają wspaniałego smaku, tekstury i chrupkości szerokiej gamie potraw. W tej książce kucharskiej przedstawiamy 100 przepisów, które ukazują niesamowity potencjał nasion, oferując kreatywne i smaczne sposoby na włączenie ich do swojej kuchni.

Nasiona to coś więcej niż tylko przekąska — to kulinarna skarbnica czekająca na odkrycie. Niezależnie od tego, czy posypujesz nimi sałatki, aby dodać im chrupkości, używasz ich jako panierki do mięs i owoców morza, czy też dodajesz je do wypieków i deserów, nasiona wnoszą wyjątkowy i satysfakcjonujący element do każdego przepisu. W tej kolekcji pokażemy Ci, jak wykorzystać dobroć nasion, aby stworzyć dania, które będą zarówno pożywne, jak i smaczne.

Ale „NAJLEPSZE NASIONA KSIĄŻKA KUCHARSKA" to coś więcej niż tylko zbiór przepisów — to celebracja niesamowitej różnorodności i obfitości nasion występujących w przyrodzie. Przeglądając strony tej książki kucharskiej, odkryjesz korzyści zdrowotne i możliwości kulinarne pestek dyni, nasion słonecznika, nasion sezamu, nasion chia i innych. Niezależnie od tego, czy jesteś kucharzem dbającym o zdrowie, czy entuzjastą kulinarnym, w tej książce kucharskiej znajdziesz coś, co zainspiruje i pobudzi Twoje kubki smakowe.

Niezależnie od tego, czy chcesz dodać wartości odżywcze do swoich posiłków, czy po prostu odkrywać nowe smaki i tekstury, niech „NAJLEPSZE NASIONA KSIĄŻKA KUCHARSKA" będzie Twoim przewodnikiem. Od słonych po słodkie, od prostych po wyrafinowane – w tej kolekcji znajdziesz przepis na nasiona na każde podniebienie i każdą okazję. Przygotuj się na pyszną podróż po cudownym świecie nasion.

NASIONA DYNI

1. Nasiona dyni azjatyckiej

SKŁADNIKI:
- 2 szklanki surowych, łuskanych nasion dyni
- 2 łyżki sosu sojowego
- 1 łyżeczka sproszkowanego imbiru
- 2 łyżeczki Splendy

INSTRUKCJE:
a) Rozgrzej piekarnik do 350°F.
b) W misce wymieszaj pestki dyni, sos sojowy, imbir i Splendę, dobrze wymieszaj.
c) Rozłóż pestki dyni na płytkiej brytfance i piecz przez około 45 minut lub do momentu, aż nasiona wyschną, mieszając dwa lub trzy razy podczas pieczenia.
d) Każdy z 13 gramami węglowodanów i 3 gramami błonnika, co daje w sumie 10 gramów użytecznych węglowodanów i 17 gramów białka.

2.Ogniste Pestki Dyni

SKŁADNIKI:
- 1 łyżeczka słodkiej papryki
- ½ łyżeczki mielonego kminku
- 1/4 szklanki oliwy z oliwek
- 1 łyżeczka sosu Tabasco
- 2 szklanki łuskanych nasion dyni
- Sól

INSTRUKCJE:

a) Rozgrzej piekarnik do 400°F. W małej misce wymieszaj paprykę i kminek. Wymieszaj olej i Tabasco. Dodaj pestki dyni i wymieszaj, żeby je pokryć.

b) Rozłóż nasiona na blasze do pieczenia i piecz, aż zaczną pachnieć, około 5 minut. Wyjąć z piekarnika, posolić do smaku i całkowicie ostudzić przed podaniem.

c) Najlepiej spożywać je w dniu przygotowania, ale po ostygnięciu można je przykryć i przechowywać w temperaturze pokojowej przez 2–3 dni.

3. Czekoladowe banany Goji

SKŁADNIKI:
- 4 średniej wielkości banany obrane i przekrojone na pół w poprzek
- patyczki od lodów
- 1 ½ szklanki kawałków/guzików z ciemnej czekolady
- ¼ łyżeczki oleju kokosowego

DODATKI
- Prażone musli i pestki dyni
- Jagody Goji i pokrojone w kostkę suszone morele
- Liofilizowane osłonki granatu i chipsy kokosowe
- Posiekane orzechy pistacjowe i płatki migdałów
- Płatki migdałów i wiórki kokosowe
- Komosa ryżowa

INSTRUKCJE:

a) Włóż kawałki czekolady/guziki z olejem kokosowym do miski nadającej się do kuchenki mikrofalowej i podgrzewaj przez co najmniej 15 sekund na średniej mocy – mieszaj po każdym kawałku, aż się rozpuszczą.

b) Użyj kubka z szeroką szyjką, tak aby roztopiona czekolada przykrywała co najmniej ¾ długości banana zanurzonego w czekoladzie.

c) Rozłóż każdą polewę na płaskiej tacy i obtocz banana w czekoladzie w wybranej polewie. Połóż na osobnej małej tacy z papierem woskowanym.

d) Powtórz tę czynność z pozostałymi dodatkami, a następnie włóż je do zamrażarki na co najmniej 30 minut lub do momentu, aż powłoka stwardnieje. Podawać na zimno.

4.Cukinia Z Pesto Dyniowym

SKŁADNIKI:
PESTO Z DYNI:
- ½ szklanki pestek dyni
- ⅜ szklanki oliwy z oliwek
- 1 łyżka soku z cytryny
- 1 szczypta soli
- 1 pęczek bazylii

BYCZY:
- 7 czarnych oliwek
- 5 pomidorków koktajlowych

INSTRUKCJE:

a) W robocie kuchennym zmiksuj pestki dyni na drobną mąkę. Dodaj oliwę z oliwek, cytrynę i sól i mieszaj, aż składniki dobrze się połączą. Zatrzymuj się od czasu do czasu, aby zeskrobać boki. Dodaj liście bazylii.

b) Dopraw większą ilością oliwy z oliwek, solą i cytryną. Przechowuj pesto w szczelnie zamkniętym słoiczku. W lodówce wytrzyma około tygodnia.

c) Obierz zewnętrzną część zielonej cukinii za pomocą obieraczki do ziemniaków. Kontynuuj obieranie do rdzenia.

d) Wymieszaj cukinię i pesto, a na wierzch połóż oliwki i pomidorki koktajlowe.

5. Sałatka z pieczonego bakłażana

SKŁADNIKI:

- 175 g dyni
- 1 mały bakłażan pokrojony w kostkę
- 1 czerwona cebula, pokrojona w plasterki
- 1 czerwona papryka, pokrojona w plasterki
- Garść szpinaku liściastego baby
- 1 łyżka pestek dyni
- 1 łyżeczka miodu
- 1 łyżeczka octu balsamicznego

INSTRUKCJE:

a) Rozgrzej piekarnik opalany drewnem . Na kamiennej desce do pieczenia w środku ustaw temperaturę 952°F (500°C).
b) Dodaj oliwę z oliwek do żeliwnej patelni.
c) Gdy olej się rozgrzeje, zdejmij patelnię z ognia i dodaj bakłażana , cebulę, czerwoną paprykę i dynię.
d) Włóż patelnię z powrotem do piekarnika na 3-5 minut lub do czasu, aż warzywa będą miękkie i lekko rumiane.
e) Zdejmij patelnię z ognia i posyp ją octem balsamicznym i miodem.
f) Posyp posypką pestek dyni i podawaj z talerzem szpinaku w liściach baby.

6. Mieszanka przekąsek jesiennych zbiorów

SKŁADNIKI:
- 6 szklanek prażonego popcornu
- 1 szklanka suszonej żurawiny
- 1 szklanka prażonych pestek dyni
- 1 szklanka kukurydzy cukrowej
- ½ szklanki orzeszków ziemnych prażonych w miodzie

INSTRUKCJE:
a) W dużej misce wymieszaj wszystkie składniki, aż dobrze się połączą.
b) Podawać natychmiast lub przechowywać w szczelnym pojemniku.

7. Mieszanka przekąsek na Halloween

SKŁADNIKI:
- 6 szklanek prażonego popcornu
- 1 szklanka kukurydzy cukrowej
- 1 szklanka precli w czekoladzie
- 1 szklanka mini kawałków Reese'a
- ½ szklanki pestek dyni

INSTRUKCJE:
a) W dużej misce wymieszaj wszystkie składniki, aż dobrze się połączą.
b) Podawać natychmiast lub przechowywać w szczelnym pojemniku.

8. Mieszanka szlaków z popcornem i jagodami

SKŁADNIKI:
- 1 szklanka prażonego popcornu
- ¼ szklanki prażonych orzeszków ziemnych
- ¼ szklanki prażonych migdałów
- ¼ szklanki pestek dyni
- ¼ szklanki suszonych jagód, bez dodatku cukru
- 2 łyżki kawałków ciemnej czekolady (opcjonalnie)
- szczypta cynamonu (opcjonalnie)
- szczypta soli

INSTRUKCJE:
a) Wymieszaj wszystkie składniki, dostosowując cynamon i sól do smaku, jeśli to konieczne.
b) Przechowywać w szczelnym pojemniku.
c) W spiżarni wytrzymuje do 2 tygodni.

9. Mieszanka szlaków Ashwagandhy

SKŁADNIKI:
- 1 łyżka oleju kokosowego
- 1 łyżeczka kminku w proszku
- 1 łyżeczka kardamonu w proszku
- 1 szklanka złotych rodzynek
- 1 szklanka pestek dyni
- 1 łyżka nasion sezamu
- 1 łyżeczka proszku ashwagandhy

INSTRUKCJE:
a) Na małej patelni rozgrzej olej kokosowy na średnim ogniu. Gdy olej się roztopi, dodaj kminek i kardamon. Podgrzewaj olej i przyprawy przez 1 minutę lub do momentu, aż zaczną nabierać aromatu. Dodaj rodzynki, pestki dyni i nasiona sezamu na patelnię i mieszaj, aby równomiernie pokryły się olejem i ziołami.

b) Mieszaj od czasu do czasu przez 3–5 minut lub do momentu, aż nasiona zaczną się brązowieć, następnie zdejmij z ognia i dodaj ashwagandhę.

c) Przełożyć na pergamin i równomiernie rozprowadzić do ostygnięcia. Jedz jeszcze ciepłe, aby uzyskać dodatkowy efekt uziemiający.

10.Lody Tostada z cukrem cynamonowym

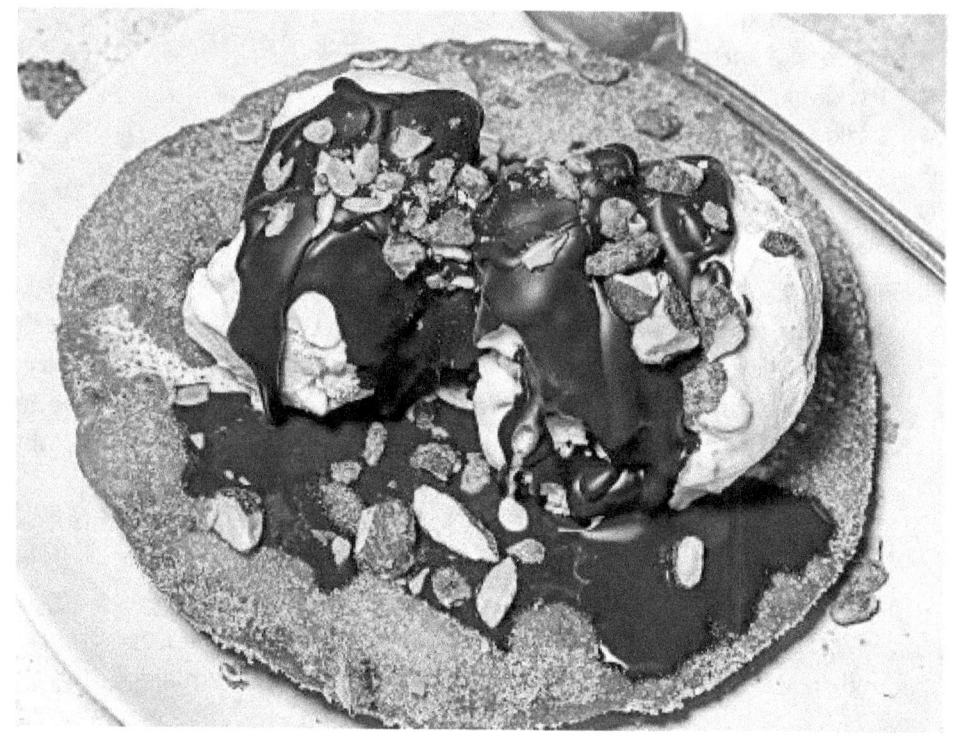

SKŁADNIKI:
NA pikantną, orzechową polewę:
- ½ szklanki granulowanego cukru
- ½ łyżeczki soli koszernej
- 1 łyżeczka chili w proszku
- ½ łyżeczki pieprzu cayenne
- ½ łyżeczki cynamonu
- 1 białko jaja
- 1 szklanka surowych migdałów
- 1 szklanka surowych pepitas (pestek dyni)

DLA TOSTAD:
- 5 łyżek granulowanego cukru
- 2 łyżeczki cynamonu
- Olej roślinny do smażenia
- 4 tortille z mąki lub kukurydzy (użyliśmy Mi Rancho)

NA LADY:
- Lody waniliowe
- Dulce de leche lub krówka czekoladowa
- Bita śmietana
- Wiśnie Maraskino

INSTRUKCJE:
NA PIKNĄ ORZECHOWĄ CHRUPKĘ:
a) Rozgrzej piekarnik do 300 stopni F.
b) W małej misce wymieszaj cukier, sól, chili w proszku, pieprz cayenne i cynamon.
c) W średniej misce ubij białka, aż się spienią, a następnie delikatnie wrzuć migdały i pepity, aby je pokryć.
d) Posyp orzechy mieszanką przypraw i wymieszaj, aby równomiernie się nią pokryły.
e) Posypane orzechy przełożyć na blachę wyłożoną papierem do pieczenia, rozkładając je w jednej warstwie.
f) Piecz orzechy, aż się zarumienią, w połowie czasu je przerzucając, co powinno zająć około 40–50 minut.
g) Pozwól orzechom całkowicie ostygnąć, następnie posiekaj z grubsza ⅓ szklanki i odłóż na bok. Będziesz mieć dodatkowo przyprawione orzechy, które możesz przechowywać w szczelnym pojemniku jako przekąskę na później.

DLA TOSTAD:
h) Połącz granulowany cukier i cynamon w szerokiej, płytkiej misce.
i) Dodaj wystarczającą ilość oleju roślinnego do patelni o grubym dnie (np. Żeliwnej), aby wypełnić ją do jednej trzeciej wysokości.
j) Rozgrzej olej na średnim ogniu, aż zacznie mienić się i zacznie bulgotać.
k) Ostrożnie umieszczaj po jednej tortilli na gorącym oleju i smaż z każdej strony przez 50 do 70 sekund lub do momentu, aż będą złotobrązowe i chrupiące po obu stronach.
l) Przenieś każdą tostadę do mieszanki cukru cynamonowego i całkowicie ją pokryj. Połóż tostady posypane cukrem cynamonowym na talerzu i powtórz tę czynność z pozostałymi tortillami.

ABY PRZYGOTOWAĆ PUNKTY Z lodami:
m) posypaną cukrem cynamonowym połóż gałkę lodów waniliowych.
n) Polać dulce de leche lub krówkami czekoladowymi.
o) Na koniec dodaj garść posiekanego pikantnego chrupiącego orzecha i inne dodatki według własnego uznania.

11.Surowy Parfait Z Mlekiem Spirulina

SKŁADNIKI:
SUCHY
- ½ szklanki płatków owsianych
- 1 łyżka suszonego jabłka
- 1 łyżka migdałów, aktywowanych
- 1 łyżka słodkich ziaren kakaowych
- 1 łyżka moreli, suszonych, drobno posiekanych
- ½ łyżeczki proszku waniliowego
- 1 łyżka proszku maca

PŁYN
- 1 szklanka mleka z nerkowców
- 1 łyżka spiruliny w proszku
- 2 łyżki pestek dyni, zmielonych

INSTRUKCJE:
a) W słoiku z masonem dodaj i ułóż warstwy owsa, jabłek, migdałów i moreli, a na wierzch posyp kakao.
b) Następnie umieść mleko z nerkowców, spirulinę i pestki dyni w blenderze i miksuj na wysokich obrotach przez jedną minutę.
c) Gotowym mlekiem zalej suche składniki i ciesz się smakiem.

12. Muffinki lniane z żurawiną i pomarańczą

SKŁADNIKI:

- 2 szklanki Carbquiku
- 2 miarki białka Chocolate Designer (opcjonalnie)
- 1 szklanka mączki lnianej
- 1 szklanka słodzika termostabilnego (np. ⅔ szklanki Splendy, ⅓ szklanki ksylitolu, 1 opakowanie Stevia Plus)
- galaretki bez cukru
- 2 łyżeczki proszku do pieczenia
- ½ szklanki masła lub tłuszczu piekarskiego
- 1 szklanka mleka
- 1 szklanka syropu waniliowego bez cukru
- 2 łyżeczki ekstraktu waniliowego
- 4 jajka
- 1 szklanka pestek dyni
- ½ opakowania żurawin

INSTRUKCJE:

a) Rozgrzej piekarnik do 350 stopni Fahrenheita (175 stopni Celsjusza).
b) Spryskaj 24 foremki na muffiny nieprzywierającym sprayem kuchennym o smaku masła.
c) W misce wymieszaj Carbquik, Chocolate Designer Protein (jeśli używasz), mączkę lnianą, termostabilny słodzik (Splenda, ksylitol, Stevia Plus), pomarańczową galaretkę bez cukru i proszek do pieczenia. Wymieszaj je.
d) Dodaj masło lub tłuszcz i mieszaj, aż mieszanina będzie lekko wilgotna.
e) Wymieszaj mleko, syrop bez cukru, ekstrakt waniliowy i jajka. Mieszaj, aż dobrze się połączą.
f) Delikatnie dodaj pestki dyni i żurawinę.
g) Włóż ciasto do przygotowanych foremek na muffiny, dzieląc je pomiędzy 24 papilotkami.
h) Piec w nagrzanym piekarniku przez 25-30 minut lub do momentu, aż muffinki będą całkowicie upieczone, a wykałaczka wbita w środek będzie czysta.
i) Po upieczeniu wyjmij muffinki z piekarnika i pozostaw je na kilka minut do ostygnięcia w foremkach do muffinów.
j) Przełożyć muffinki na metalową kratkę do całkowitego ostygnięcia.
k) Ciesz się domowymi babeczkami lnianymi Carbquik żurawinowo-pomarańczowymi!

13. Super gruba granola z przyprawioną chai

SKŁADNIKI:

- ¼ szklanki masła migdałowego (lub dowolnego masła orzechowego/nasionowego według własnego wyboru)
- ¼ szklanki syropu klonowego
- 2 łyżeczki ekstraktu waniliowego
- 5 łyżek mielonego cynamonu
- 2-3 łyżeczki mielonego imbiru
- 1 łyżeczka mielonego kardamonu
- 1 ½ szklanki płatków owsianych (w razie potrzeby upewnij się, że są bezglutenowe)
- ½ szklanki orzechów włoskich lub pekan, grubo posiekanych
- ¾ szklanki niesłodzonych płatków kokosowych
- ¼ szklanki surowych pestek dyni (pepitas)

INSTRUKCJE:

a) Rozgrzej piekarnik do 160°C i wyłóż blachę do pieczenia o standardowej wielkości papierem pergaminowym.
b) W średniej misce wymieszaj masło migdałowe, syrop klonowy, ekstrakt waniliowy, mielony cynamon, mielony imbir i mielony kardamon. Ubijaj, aż mieszanina będzie gładka.
c) Dodaj płatki owsiane, posiekane orzechy włoskie lub pekan, niesłodzone płatki kokosowe i surowe pestki dyni do miski z mieszanką masła migdałowego. Dokładnie wymieszaj, aby wszystkie suche składniki były równomiernie pokryte .
d) Przełóż masę granoli na przygotowaną blachę do pieczenia, rozprowadzając ją równą warstwą. Jeśli robisz większą porcję, w razie potrzeby użyj dodatkowych blach do pieczenia.
e) Piec w nagrzanym piekarniku przez 20-25 minut. Pod koniec zachowaj czujność, aby zapobiec spaleniu. Granola jest gotowa, gdy nabierze aromatu i ciemnieje.
f) Uwaga: Jeśli wolisz wyjątkowo grubą granolę, unikaj jej rzucania podczas pieczenia. Aby uzyskać bardziej kruchą konsystencję, w połowie czasu wymieszaj lub wrzuć granolę, aby rozbić grudki.
g) Gdy granola będzie już wyraźnie rumiana i zacznie pachnieć, wyjmij ją z piekarnika. Delikatnie wymieszaj granolę, aby nadmiar ciepła uciekł. Pozostawić do całkowitego ostygnięcia na blasze do pieczenia lub w żaroodpornej misce.
h) Przechowuj supergrubą granolę z przyprawami chai w zamkniętym pojemniku w temperaturze pokojowej przez okres do 1 miesiąca lub w zamrażarce do 3 miesięcy.
i) Delektuj się granolą samą, z mlekiem, jogurtem lub posypaną płatkami owsianymi, aby uzyskać pyszne śniadanie lub przekąskę!

14. Miseczki na sernik z ciasta dyniowego

SKŁADNIKI:
- 4 uncje serka śmietankowego, zmiękczonego
- 1 szklanka zwykłego jogurtu greckiego plus więcej do posypania
- 1 szklanka puree z dyni
- ¼ szklanki syropu klonowego
- 1 łyżeczka ekstraktu waniliowego
- 2 łyżeczki mielonego cynamonu
- 1 łyżeczka mielonego imbiru
- ½ łyżeczki mielonej gałki muszkatołowej
- Drobnomielona sól morska
- 1 szklanka granoli
- Prażone pestki dyni
- Posiekane orzechy pekan
- Osłonki granatu
- Niski kakaowe

INSTRUKCJE:

a) Dodaj serek śmietankowy, jogurt, puree z dyni, syrop klonowy, wanilię, przyprawy i szczyptę soli do miski robota kuchennego lub blendera i miksuj, aż masa będzie gładka i kremowa. Przełożyć do miski, przykryć i wstawić do lodówki na co najmniej 4 godziny.

b) Przed podaniem rozłóż granolę pomiędzy miseczkami deserowymi. Na wierzch połóż mieszankę dyni, porcję jogurtu greckiego, pestki dyni, orzechy pekan, osłonki granatu i ziarenka kakao.

c) dodaj farro , 1¼ szklanki (295 ml) wody i dużą szczyptę soli. Doprowadzić do wrzenia, następnie zmniejszyć ogień do niskiego, przykryć i gotować na wolnym ogniu, aż farro będzie miękkie z lekkim przeżuwaniem, około 30 minut.

d) Połączyć cukier, pozostałe 3 łyżki (45 ml) wody, laskę wanilii i nasiona oraz imbir w małym rondlu i ustawić na średnim ogniu. Doprowadzić do wrzenia, ubijać, aż cukier się rozpuści. Zdjąć z ognia i parzyć przez 20 minut. W międzyczasie przygotuj owoce.

e) Odetnij końcówki grejpfruta. Ułożyć na płaskiej powierzchni roboczej , stroną ściętą w dół . Za pomocą ostrego noża odetnij skórkę i biały rdzeń, podążając za krzywizną owocu, od góry do dołu. Natnij pomiędzy błonami, aby usunąć segmenty owocu. Powtórz ten sam proces, aby obrać i podzielić na kawałki krwistą pomarańczę.

f) Wyjmij i wyrzuć imbir i laskę wanilii z syropu. Aby podać, podziel farro pomiędzy miski.

g) Na wierzchu miski ułóż owoce, posyp osłonkami granatu, a następnie skrop syropem imbirowo-waniliowym.

15. Śniadanie ze słodkich ziemniaków z jogurtem herbacianym z hibiskusa

SKŁADNIKI:
- 2 fioletowe słodkie ziemniaki

NA GRANOlę:
- 2 ½ szklanki płatków owsianych
- 2 łyżeczki suszonej kurkumy
- 1 łyżeczka cynamonu
- 1 łyżka skórki cytrusowej
- ¼ szklanki miodu
- ¼ szklanki oleju słonecznikowego
- ½ szklanki pestek dyni
- odrobina soli

NA JOGURT:
- 1 szklanka zwykłego jogurtu greckiego
- 1 łyżeczka syropu klonowego
- 1 torebka herbaty z hibiskusa
- jadalne kwiaty, do dekoracji

INSTRUKCJE:
a) Rozgrzej piekarnik do 425 stopni i nakłuj ziemniaki widelcem.
b) Owiń ziemniaki folią aluminiową i piecz przez 45 minut do jednej godziny.
c) Wyjmij z piekarnika i pozwól ostygnąć.

NA GRANOlę:
d) Zmniejsz temperaturę piekarnika do 250 stopni i wyłóż blachę do pieczenia papierem pergaminowym.
e) Połącz wszystkie składniki granoli w misce i mieszaj, aż wszystko pokryje się miodem i oliwą.
f) Przełożyć na wyłożoną papierem blachę i rozprowadzić możliwie równomiernie.
g) Piecz przez 45 minut, mieszając co 15 minut lub do momentu, aż granola się zarumieni.
h) Wyjmij z piekarnika i pozwól ostygnąć.

NA JOGURT:
i) Przygotuj herbatę z hibiskusa zgodnie z instrukcją na torebce i odłóż ją do ostygnięcia.
j) Gdy masa osiągnie temperaturę pokojową, wymieszaj syrop klonowy i herbatę z jogurtem, aż uzyskasz gładką i kremową konsystencję z lekko różowym odcieniem.

ZŁOŻYĆ:
k) Ziemniaki przekrój na pół i posyp granolą, jogurtem smakowym i jadalnymi kwiatami do dekoracji.

16. Miseczki śniadaniowe z komosą kokosową

SKŁADNIKI:
- 1 łyżka oleju kokosowego
- 1 ½ szklanki czerwonej lub czarnej komosy ryżowej, opłukanej
- 14-uncjowa puszka niesłodzonego jasnego mleka kokosowego plus więcej do podania
- 4 szklanki wody
- Drobnomielona sól morska
- łyżki miodu, syropu z agawy lub klonowego
- 2 łyżeczki ekstraktu waniliowego
- Jogurt kokosowy
- Jagody
- jagody goji
- Prażone pestki dyni
- Prażone niesłodzone płatki kokosowe

INSTRUKCJE:

a) Rozgrzej olej w rondlu na średnim ogniu. Dodaj komosę ryżową i opiekaj przez około 2 minuty, często mieszając. Powoli dodaj puszkę mleka kokosowego, wodę i szczyptę soli. Komosa ryżowa będzie początkowo bulgotać i tryskać, ale szybko się uspokoi.

b) Doprowadzić do wrzenia, następnie przykryć, zmniejszyć ogień do małego i gotować na wolnym ogniu, aż uzyska delikatną, kremową konsystencję, około 20 minut. Zdjąć z ognia i wymieszać z miodem, agawą, syropem klonowym i wanilią.

c) Przed podaniem rozłóż komosę ryżową pomiędzy miskami. Na wierzch dodaj dodatkowe mleko kokosowe, jogurt kokosowy, jagody, jagody goji, pestki dyni i płatki kokosowe.

17. Dyniowy Lamington

SKŁADNIKI:
GĄBKA DYNIOWA:
- 2 filiżanki mąki uniwersalnej
- 2 łyżeczki proszku do pieczenia
- 1 łyżeczka mielonego cynamonu
- ½ łyżeczki mielonego imbiru
- ½ łyżeczki mielonej gałki muszkatołowej
- ¼ łyżeczki zmielonego ziela angielskiego
- ¼ łyżeczki mielonego kardamonu
- 1 ½ szklanki granulowanego cukru
- 1 ½ szklanki puree z dyni z puszki
- ½ szklanki oleju roślinnego o neutralnym smaku (rzepakowy lub słonecznikowy)
- 4 żółtka (temperatura pokojowa)
- 4 białka jaj (temperatura pokojowa)

POŻYWNY:
- 1 szklanka serka śmietankowego (temperatura pokojowa)
- 2 łyżki śmietanki do ubijania
- 2 łyżki cukru pudru

POWŁOKA:
- ⅔ szklanki puree z dyni z puszki
- ¼ szklanki śmietany do ubijania
- ½ łyżeczki mielonej gałki muszkatołowej
- ½ łyżeczki mielonego cynamonu
- 1 łyżeczka drobnej soli
- 1 ½ szklanki posiekanej białej czekolady kuwerturowej
- 1 ½ szklanki zmielonych nasion dyni
- ¾ szklanki niesłodzonych wiórków kokosowych

INSTRUKCJE:
GĄBKA DYNIOWA:
a) Rozgrzej piekarnik do 325°F i umieść stojak na środku. Formę do ciasta o wymiarach 9 x 13 cali wyłóż papierem pergaminowym na spodzie i po bokach.
b) Do średniej miski przesiej mąkę, proszek do pieczenia i przyprawy.
c) W drugiej misce wymieszaj cukier, puree z dyni, olej i żółtka. Dodawaj przesianą mąkę za pomocą szpatułki, aż składniki się połączą. Unikaj nadmiernego mieszania.

d) W czystej misce miksera stacjonarnego lub za pomocą ręcznego miksera elektrycznego ubijaj białka jaj na dużej prędkości, aż utworzą się miękkie szczyty, około 4-5 minut.
e) Delikatnie dodaj jedną trzecią ubitych białek do mokrej mieszanki mąki, aż dobrze się połączą. Następnie delikatnie wymieszaj z pozostałą bezą.
f) Wlać ciasto do przygotowanej formy i piec przez 30-40 minut, obracając formę w połowie pieczenia. Ciasto jest gotowe , gdy włożony w środek tester ciasta wyjdzie czysty. Pozwól mu ostygnąć przed napełnieniem.

POŻYWNY:
g) Wszystkie składniki nadzienia wymieszaj ręcznie w średniej misce, aż dobrze się połączą.

POWŁOKA:
h) W małym rondlu wymieszaj puree z dyni, śmietanę, przyprawy i sól. Gotuj na średnim ogniu, ciągle mieszając, aż się zagotuje.
i) Do żaroodpornej miski włóż białą czekoladę. Gorącą masę dyniową polej czekoladą. Odstaw na 1-2 minuty, następnie mieszaj, aż ganache będzie gładki.
j) W osobnej misce wymieszaj zmielone pestki dyni i wiórki kokosowe.

MONTAŻ:
k) Schłodzone ciasto przekrój poziomo na pół. Na jedną połowę równomiernie rozsmaruj nadzienie serowe , a na wierzch ułóż drugą połowę, tworząc kanapkę. Zamrozić ciasto na około 20 minut, aby stwardniało.
l) Gdy ciasto będzie już twarde, w razie potrzeby odetnij krawędzie i pokrój ciasto na kwadraty o boku 1,5 cala.
m) Posmaruj ciepłym ganache każdym kwadratem ciasta, następnie obtocz je w mieszance pestek dyni i kokosa.
n) Gotowe ciasta przechowuj w lodówce do 2 dni lub zamrażaj do tygodnia. Ciesz się dyniowymi lamingtonami!

18. Sałatka Truskawkowa ze Szpinakiem Z Sosem Margarita

SKŁADNIKI:
DO OPARTU:
- 3 łyżki soku z limonki
- 1-½ łyżki nektaru z agawy
- ½-1 łyżka tequili
- ¼ szklanki oliwy z oliwek z pierwszego tłoczenia
- Szczypta soli morskiej

NA SAŁATKĘ:
- 4-6 czubek szpinaku baby
- 1 szklanka pokrojonych w kostkę truskawek
- 1 szklanka pokrojonego w kostkę mango
- 1 awokado, pokrojone w kostkę
- ¼ czerwonej cebuli, posiekanej
- 3-4 łyżki prażonych pestek dyni

INSTRUKCJE:
DO OPARTU:
a) W słoiczku dodać składniki dressingu. Zamknij szczelnie pokrywkę i dobrze nią wstrząśnij. Próbujemy i doprawiamy według uznania. W razie potrzeby dodaj więcej soku z limonki lub agawy.

NA SAŁATKĘ:
b) W misce lub na półmisku umieść młody szpinak. Na szpinaku ułóż pokrojone w kostkę truskawki, mango, awokado, czerwoną cebulę i pestki dyni.
c) Podawać od razu z dressingiem.

ZIARNA SŁONECZNIKA

19. Letnia mieszanka przekąsek na piknik

SKŁADNIKI:
- 6 szklanek prażonego popcornu
- 1 szklanka suszonych wiśni
- 1 szklanka precli w białej czekoladzie
- 1 szklanka nasion słonecznika
- ½ szklanki kawałków krakersa graham

INSTRUKCJE:
a) W dużej misce wymieszaj wszystkie składniki, aż dobrze się połączą.
b) Podawać natychmiast lub przechowywać w szczelnym pojemniku.

20. Mieszanka Munch do grillowania

SKŁADNIKI:
- ½ szklanki ziaren kukurydzy
- 1 szklanka Cheerios
- 1 szklanka rozdrobnionej pszenicy wielkości łyżki
- 1 szklanka Corn Chex lub otrębów kukurydzianych
- 1 szklanka precli
- ½ szklanki suszonych , grillowanych orzeszków ziemnych
- ½ szklanki nasion słonecznika
- 1 łyżka masła lub margaryny
- 1 łyżeczka mielonego chili
- 1 łyżeczka papryki
- 1 łyżeczka mielonego oregano
- 1 szklanka paluszków sezamowych
- 1 łyżka sosu Worcestershire
- 1 łyżeczka sosu Tabasco

INSTRUKCJE:
a) Rozgrzej grill do 350 stopni.
b) W dużej misce wymieszaj płatki zbożowe, precle, migdały i nasiona.
c) W małym naczyniu połącz masło, Worcestershire, chili w proszku, oregano, paprykę i Tabasco.
d) Dokładnie wymieszaj sos z mieszanką zbożową.
e) Rozłóż na patelni grillowej i smaż przez 15 minut, dwukrotnie mieszając. Ostudzić.
f) Połącz z ziarnami kukurydzy i paluszkami sezamu i podawaj.

21. Mieszanka suszonych owoców i orzechów

SKŁADNIKI:
- ½ szklanki niesłodzonych płatków kokosowych
- ½ szklanki niesolonych prażonych orzechów nerkowca
- ½ szklanki posiekanych, blanszowanych migdałów
- ½ szklanki wegańskich półsłodkich kawałków czekolady
- ½ szklanki słodzonej suszonej żurawiny
- 1/3 szklanki posiekanego suszonego ananasa
- 1/4 szklanki niesolonych, prażonych nasion słonecznika

INSTRUKCJE:

a) Na małej patelni praż kokos na średnim ogniu, mieszając, aż lekko się zrumieni, od 2 do 3 minut. Odstawić do ostygnięcia.

b) W dużej misce wymieszaj orzechy nerkowca, migdały, kawałki czekolady, żurawinę, ananas i nasiona słonecznika. Wymieszać z prażonym kokosem.

c) Całkowicie ostudzić przed podaniem. Najlepiej smakuje podawane tego samego dnia, w którym zostało przygotowane.

22. Bajgle pełnoziarniste z nasion słonecznika

SKŁADNIKI:
- 3 szklanki mąki pełnoziarnistej
- 1 łyżka aktywnych suchych drożdży
- 2 łyżki miodu
- 1 łyżeczka soli
- 1 ¼ szklanki ciepłej wody
- ½ szklanki nasion słonecznika

INSTRUKCJE:
a) W dużej misce wymieszaj mąkę, drożdże, miód, sól i nasiona słonecznika.
b) Powoli dodawaj ciepłą wodę do suchych składników i mieszaj, aż powstanie ciasto.
c) Ciasto wyrabiać przez 10 minut, aż stanie się gładkie i elastyczne.
d) Ciasto podzielić na 8 równych części i z każdej uformować kulę.
e) Kulki ciasta przykryj wilgotną ściereczką i odstaw na 10 minut.
f) Rozgrzej piekarnik do 218°C (425°F).
g) Zagotuj w garnku wodę i zmniejsz ogień do wrzenia.
h) Palcem zrób dziurę w środku każdej kulki ciasta i rozciągnij ciasto, aby uformować kształt bajgla.
i) Gotuj bajgle po 1-2 minuty z każdej strony.
j) Ułóż bajgle na blasze wyłożonej papierem do pieczenia i piecz przez 20-25 minut lub do złotego koloru.

23. Buraki Z Pomarańczową Gremolatą

SKŁADNIKI:
- 3 złote buraki, przycięte
- 2 łyżki soku z limonki
- 1 łyżeczka skórki pomarańczowej
- 2 łyżki nasion słonecznika
- 1 łyżka posiekanej natki pietruszki
- 3 łyżki sera koziego
- 1 łyżka mielonego wieku
- 2 łyżki soku pomarańczowego
- 1 ząbek czosnku, posiekany

INSTRUKCJE:
a) Rozgrzej frytownicę do 400°C. Złóż wytrzymałą folię wokół buraków i połóż je na tacy w koszyku frytkownicy.
b) Gotuj do miękkości, 50 minuty. Buraki obierz, przekrój na pół i pokrój w plasterki; umieścić w misce.
c) Dodaj sok z limonki, sok pomarańczowy i sól.
d) Posypać natką pietruszki, szałwią, czosnkiem i skórką pomarańczową, posypać kozim serem i pestkami słonecznika.

24. Sałatka Z Brokułami Microgreens Awokado

SKŁADNIKI:
- 1 szklanka mikrogreenów brokułowych
- 1 łyżka solonych nasion słonecznika
- ¼ awokado, pokrojonego na kawałki
- 2 łyżki domowego winegretu
- 2 łyżki hummusu cytrynowego
- ½ szklanki kimkrautu

INSTRUKCJE:
a) Na dużym talerzu wymieszaj mikrogreeny z kimkraut, plasterkami awokado i nasionami słonecznika.
b) Wymieszać z hummusem i dressingiem, następnie doprawić świeżo mielonym pieprzem.

25.Batony Ashwagandha z nerkowców

SKŁADNIKI:
SKORUPA
- ¾ szklanki wiórków kokosowych
- 1 ¾ szklanki aktywowanych nasion słonecznika, namoczonych
- ⅓ szklanki pestek daktyli Medjool
- 1 łyżeczka cynamonu cejlońskiego
- ½ łyżeczki soli morskiej
- 2 łyżki tłoczonego na zimno oleju kokosowego

POŻYWNY
- 2 szklanki surowych orzechów nerkowca namoczonych przez noc
- 1 szklanka wiórków kokosowych
- 1 szklanka kefiru kokosowego
- ⅓ szklanki syropu klonowego do smaku
- ¼ łyżeczki laski wanilii
- 2 łyżki świeżego soku z cytryny
- 1 łyżeczka skórki z cytryny
- 2 łyżki proszku Ashwagandha
- ½ łyżeczki soli morskiej
- ½ łyżeczki kurkumy w proszku
- ¼ łyżeczki czarnego pieprzu
- ¼ szklanki oleju kokosowego

INSTRUKCJE:
SKORUPA
a) W rondlu rozpuść cały olej kokosowy.
b) Połącz wiórki kokosowe, nasiona słonecznika, daktyle Medjool, cynamon i sól morską w robocie kuchennym. Mieszaj mieszaninę pulsacyjnie, aż utworzy się drobna kruszonka.
c) Powoli skrop 2 łyżkami podgrzanego oleju kokosowego. Ponownie zmiksuj składniki.
d) Wlać mieszaninę do wyłożonej papierem formy do brownie i mocno i równomiernie docisnąć, aby utworzyła się skorupa.
e) Umieść go w zamrażarce.

POŻYWNY
f) W robocie kuchennym wymieszaj orzechy nerkowca, wiórki kokosowe, kefir, syrop klonowy, laskę wanilii, sok z cytryny, skórkę

z cytryny, Ashwagandhę proszek, sól morska, kurkuma i czarny pieprz, aż powstanie drobna kruszonka.
g) Powoli dodawaj roztopiony olej/masło kokosowe.
h) Za pomocą szpatułki zeskrobujemy złote nadzienie mleczne ze skorupy i równomiernie je rozprowadzamy.
i) Formę wstawić na noc do lodówki, żeby masa stwardniała.
j) Gdy jest gotowe do podania, wyjmij naczynie z lodówki/zamrażarki.
k) Umieść blok na dużej desce do krojenia i rozmrażaj przez 10 do 15 minut, jeśli to konieczne.
l) Pokrój go równomiernie na 16 kwadratów.
m) Podawaj natychmiast z płatkami kokosowymi na wierzchu!

26. Tarty Sernikowe Amaretto

SKŁADNIKI:
- ⅓ szklanki nasion słonecznika, drobno zmielonych
- 8 uncji serka śmietankowego
- 1 jajko
- ⅓ szklanki niesłodzonych wiórków kokosowych
- 2 łyżki miodu
- 2 łyżki likieru Amaretto

INSTRUKCJE:
a) Kubki dwóch foremek na muffinki wyłóż papierowymi papilotkami.
b) Połącz nasiona słonecznika i kokos.
c) Umieść 1 łyżeczkę tej mieszanki w każdej wkładce.
d) Dociśnij grzbietem łyżki tak, aby przykryć dno.
e) Rozgrzej piekarnik do 325F.
f) Aby przygotować nadzienie, pokrój serek śmietankowy na 8 bloków i zmiksuj z jajkiem, miodem i Amaretto w robocie kuchennym, blenderze lub misce, aż uzyskasz gładką i kremową masę.
g) Do każdej tartaletki nałóż łyżkę nadzienia i piecz przez 15 minut

ZIARENKA SEZAMU

27. Sałatka z wodorostów pekińskich

SKŁADNIKI:
- 200 gramów wodorostów namoczonych przez 24 godziny
- ¼ ogórka przekrojonego na pół, pozbawionego gniazd nasiennych i pokrojonego w plasterki
- 8 Czerwonych rzodkiewek, pokrojonych w plasterki
- 75 gramów rzodkiewki, pokrojonej w cienkie plasterki
- 1 mała cukinia, pokrojona w cienkie plasterki
- 50 gramów pędów grochu
- 20 gramów różowego imbiru
- Wybór sałatek
- Czarny sezam
- 3 łyżki soku z limonki
- 1 łyżka mięty, świeżo posiekanej
- 2 łyżki posiekanej kolendry
- 1 Szczypta suszonych płatków chili
- 2 łyżki jasnego sosu sojowego
- 2 łyżki cukru
- 6 łyżek oleju roślinnego
- 1 mały korzeń imbiru, starty

INSTRUKCJE:

a) Wszystkie składniki dressingu zmiksować i odstawić na 20 minut, następnie odcedzić i odłożyć na bok.

b) Namoczone wodorosty wraz z pozostałymi składnikami umieść w misce.

c) Zalać przestudzonym dressingiem i pozostawić do marynowania na godzinę. Do sałatki dodaj liście sałaty, dopraw do smaku i podawaj.

28.Kanapka Jabłkowa Z Jagodami Goji

SKŁADNIKI:
TAHINI:
- ½ szklanki nasion sezamu
- 1-2 łyżki wybranego oleju
- 1 łyżka wiórków kokosowych
- 1 łyżka oleju kokosowego

BYCZY:
- 2 łyżki jagód goji

INSTRUKCJE:
a) Zmiękcz olej kokosowy.
b) Zmiksuj nasiona sezamu w blenderze, aż zostaną drobno zmielone, dodaj 1–2 łyżki oleju i ponownie zmiksuj, aż uzyskasz gładką pastę.
c) Pastę sezamową wymieszaj z płatkami kokosowymi i olejem kokosowym.
d) Jabłka pokroić w plasterki i posmarować je tahini. Na wierzch posyp jagodami goji.

29.Muffinki Matcha Mochi

SKŁADNIKI:

- 1 kostka (½ szklanki) niesolonego masła
- 1 ½ szklanki pełnotłustego mleka kokosowego (z puszki)
- 1 puszka (1 ¼ szklanki) słodzonego skondensowanego mleka
- 3 jajka (temperatura pokojowa)
- 2 łyżki sproszkowanej zielonej herbaty matcha
- 1 funt mochiko (kleista mąka ryżowa lub słodka mąka ryżowa)
- 1 łyżka proszku do pieczenia
- ½ szklanki mleka (temperatura pokojowa)
- Szczypta soli
- 2 łyżki czarnego sezamu

INSTRUKCJE:

a) Rozpuść masło i połącz je z mlekiem kokosowym i mlekiem skondensowanym w misie miksera.
b) Dodawaj po jednym jajku, ubijając na średnich obrotach.
c) Dodać proszek do pieczenia, mąkę mochiko i matchę. Kontynuuj mieszanie.
d) Dodaj mleko i mieszaj, aż ciasto będzie gładkie, przypominające ciasto naleśnikowe – ani za rzadkie, ani za gęste.
e) Odstaw ciasto na 20 minut.
f) Rozgrzej piekarnik do 180°C (350°F). Formę na muffinki dokładnie posmaruj masłem i mąką (lub użyj osobnych foremek do pieczenia w piekarniku) i wypełnij ciastem. Unikaj używania papierowych foremek na muffiny, aby wykształciła się chrupiąca skórka; mogą przykleić się do babeczek.
g) Posyp ciasto ziarnami sezamu.
h) Piec przez 45 minut do 1 godziny, aż uzyska złoty kolor.
i) Ciesz się Matchą Muffiny Mochi można podgrzać lub ostudzić przed podaniem!

30. Sezam i Makadamia Księżycowe ciasteczka ze Śnieżną Skórką

SKŁADNIKI:
SKÓRA ŚNIEGU:
- 40 g (⅓ szklanki) kleistej mąki ryżowej
- 40 g (⅓ szklanki) mąki ryżowej
- 20 g (1 ½ łyżki) skrobi kukurydzianej
- 50 g (½ szklanki) cukru pudru
- 130 g (½ szklanki + 2 łyżki) mleka
- 20g (1 łyżka stołowa) słodzonego mleka skondensowanego
- 30 g (2 łyżki) roztopionego, niesolonego masła
- Szczypta soli
- Naturalny barwnik spożywczy dla śnieżnej skóry: Niebieska spirulina w proszku, Świeży sok z buraków, Matcha w proszku

GOTOWANA MĄKA kleistego ryżu:
- 40 g (⅓ szklanki) kleistej mąki ryżowej

POŻYWNY:
- 160 g (1 ⅓ szklanki) prażonych nasion białego sezamu
- 25 g (2 łyżki) białego cukru granulowanego
- 15 g (1 łyżka stołowa) niesolonego masła
- 40g (2 łyżki) miodu
- Szczypta soli
- 20 g (2 łyżki) ugotowanej mąki z kleistego ryżu
- 80 g (½ szklanki) posiekanych, prażonych orzechów makadamia

INSTRUKCJE:
SKÓRA ŚNIEGU:
a) Napełnij garnek parowy wodą i zagotuj na dużym ogniu.
b) W misce wymieszaj kleistą mąkę ryżową, mąkę ryżową, skrobię kukurydzianą, cukier puder, sól, mleko, roztopione niesolone masło i słodzone mleko skondensowane, aż uzyskasz gładką masę.
c) Ciasto przetrzeć przez sito i przenieść do miski odpornej na parę.
d) Gotuj ciasto ze śnieżnej skórki w przygotowanym garnku na średnim ogniu przez 20 minut. Odstawić do ostygnięcia.

GOTOWANA MĄKA kleistego ryżu:
e) Gotuj kleistą mąkę ryżową na średnim ogniu, aż będzie lekko żółta. Odstawić do ostygnięcia.

POŻYWNY:
f) Zmiksuj prażone białe nasiona sezamu, aż powstanie płynna pasta.
g) Dodać pozostałe składniki nadzienia (oprócz orzechów makadamia) i zmiksować do połączenia.
h) Nadzienie przełożyć do miski, dodać posiekane orzechy makadamia i pokroić w kulki o masie 25 g. Schładzamy w lodówce przynajmniej 3 godziny.
i) Ugniataj schłodzoną skórkę śniegu na kawałku plastikowej folii, aż będzie gładka i jednolita.
j) Porcjuj i pokoloruj skórkę śniegu barwnikiem spożywczym. Zawijamy szczelnie i schładzamy w lodówce co najmniej 3 godziny.

MONTAŻ:
k) Twardą skórkę śniegu marmurkuje się w 25-gramowe porcje, tworząc kulkę. Posypać ugotowaną mąką z kleistego ryżu.
l) Owiń nadzienie spłaszczonym kawałkiem śnieżnej skórki, całkowicie zamknij i uformuj, używając minimalnej ilości ugotowanej kleistej mąki ryżowej.
m) Lekko oprósz nieprasowane ciastko księżycowe ugotowaną mąką z kleistego ryżu, uformuj je w dłoniach i mocno dociśnij stempel formy do ciasta księżycowego. Zwolnij, aby odsłonić gotowy produkt.
n) Przed spożyciem schłodzić przez kilka godzin. Cieszyć się!

NASIONA MELONA

31. Sałatka Z Gruszek Orzechowych

SKŁADNIKI:
NA SAŁATKĘ:
- 3 szklanki sałaty zielonej (rukola, sałata itp.)
- 2 gruszki, pokrojone w plasterki
- 1 mała czerwona cebula, pokrojona w plasterki
- 1 szklanka orzecha włoskiego, grubo posiekanego
- ½ szklanki nasion melona

NA SOS SAŁATKOWY:
- 1 łyżka musztardy pełnoziarnistej
- 3 łyżki oliwy z oliwek
- 2 łyżki octu
- 2 łyżki miodu
- ½ łyżeczki pieprzu cayenne
- Sól dla smaku

INSTRUKCJE:
PRZYGOTUJ SOS SAŁATKOWY:
a) W blenderze wymieszaj musztardę pełnoziarnistą, oliwę z oliwek, ocet, miód, pieprz cayenne i sól.
b) Miksuj przez około minutę, aż dressing zemulguje i stanie się kremowy.

PRZYGOTOWANIE SAŁATKI:
c) W dużej misce wymieszaj sałatę (np. rukolę lub sałatę), pokrojone gruszki, pokrojoną w plasterki czerwoną cebulę, posiekane orzechy włoskie i nasiona melona.
d) Do składników sałatki dodaj 3-4 łyżki przygotowanego sosu sałatkowego.
e) Dobrze wymieszaj, aż wszystko zostanie równomiernie pokryte dressingiem.
f) Podawaj sałatkę gruszkowo-orzechową natychmiast, gdy jest świeża i chrupiąca.

32. Ciasteczka księżycowe z ciemną czekoladą i kawą

SKŁADNIKI:

- 113 g mąki uniwersalnej
- 18 g ciemnego kakao w proszku
- 85 g złotego syropu
- 25 g oleju kukurydzianego
- ½ łyżeczki wody alkalicznej

POŻYWNY:

- Pasta z lotosu kawowego
- Prażone nasiona melona (12 x 25 g każde)

INSTRUKCJE:
PRZYGOTUJ CIASTO:
a) Wszystkie składniki wymieszać, wyrobić ciasto.
b) Ciasto odstaw na 30 minut i podziel na 12 części.

MONTAŻ:
c) Każdą porcję ciasta spłaszcz.
d) Owiń każdą porcję nadzieniem z pasty z lotosu kawowego i prażonych nasion melona (po 25 g).
e) Napełnione ciasto przełóż do foremek na ciasteczka księżycowe i wyłóż na wyłożoną papierem blachę do pieczenia.

PIECZENIE:
f) Piec w piekarniku nagrzanym do 160°C przez 10 minut.
g) Wyjmij z piekarnika i studź przez 10 minut.
h) Włóż ponownie do piekarnika i piecz przez kolejne 10-15 minut.
i) Po upieczeniu odczekaj, aż ciasteczka księżycowe całkowicie ostygną przed podaniem.

33. Ciasteczka księżycowe z niebieskim lotosem

SKŁADNIKI:
LOTOSOWE CIASTECZKO Księżycowe:
- 100 g mąki ryżowej kleistej
- 100 g cukru pudru
- 2 łyżki tłuszczu
- płynu Blue Lotos lub Pandan
- Dodatkowa mąka do obtoczenia i formy na ciastko księżycowe

PASTA Z NASION LOTOSU:
- 600 g nasion lotosu ze skórką, umytych
- 1 łyżka wody alkalicznej
- 390 g cukru
- 300 g oleju z orzeszków ziemnych
- 50 g maltozy
- 60 g nasion melona, uprażonych na złoty kolor
- Woda (tyle, aby przykryć nasiona lotosu w doniczce)
- 60 g nasion melona

INSTRUKCJE:
PASTA Z NASION LOTOSU:
a) Zagotuj wodę, dodaj wodę alkaliczną i nasiona lotosu. Gotuj przez 10 minut. Wylej wrzącą wodę.
b) Usuń skórkę z nasion lotosu, pocierając je pod bieżącą wodą. Usuń końcówki i łodygi.
c) Dodaj tyle wody, aby zakryła nasiona lotosu i gotuj do miękkości. Zmiksuj nasiona lotosu partiami.
d) Na małym ogniu posmaruj wok olejem z orzeszków ziemnych i dodaj ¼ szklanki cukru. Smażyć, aż cukier się rozpuści i zmieni kolor na złoty.
e) Dodaj puree z nasion lotosu i pozostały cukier. Mieszaj, aż będzie prawie sucha. Stopniowo dodawaj olej, mieszając, aż pasta zgęstnieje.
f) Dodaj maltozę i mieszaj, aż pasta odejdzie od ścianek woka. Ostudzić, następnie dodać prażone nasiona melona.

NA CIASTA Księżycowe:
g) Do dużego metalowego naczynia wsypać mąkę ryżową, zrobić wgłębienie, dodać cukier puder i tłuszcz. Pocieraj aż do połączenia.

h) Dodaj płyn z niebieskiego lotosu (lub pandan). Mieszaj delikatnie aż do połączenia ; nie przepracuj się.
i) Weź kulkę pasty z nasion lotosu, zrób dziurę na środku i szybko włóż solone jajko. Pokryj pastą z nasion lotosu.
j) Ciasto księżycowe rozwałkowujemy na wałek i kroimy na równe kawałki. Rozwałkuj każdy kawałek.
k) Umieść kulkę pasty z nasion lotosu na środku i obracaj pastę lotosu w jednym kierunku, a ciasto w drugim, aż je przykryje.
l) Lekko posyp mąką formę i kulkę ciasta księżycowego, a następnie wciśnij je do formy.
m) Delikatnie uderzaj foremką o twardą powierzchnię, aż wyjdzie ciastko księżycowe.

34.Ciasto księżycowe z białą kawą

SKŁADNIKI:
DLA SKÓRY:
- 200g mąki niskobiałkowej
- 25 g (1 opakowanie) mieszanki białej kawy Super 3 w 1
- 160g Złotego Syropu (70g Złotego Syropu + 90g Syropu Kukurydzianego)
- 42 g oleju rzepakowego
- 4 ml wody alkalicznej

DO WYPEŁNIENIA/PASTY:
- 1 kg pasty z fasoli mung i lotosu (kupiona w sklepie)
- 3 łyżki nasion melona
- Solone żółtka jaj (opcjonalnie)
- Płyn do jajek (do panierowania)

INSTRUKCJE:
PRZYGOTUJ CIASTO:
a) Połączyć wszystkie składniki (A) i wymieszać na gładkie ciasto.
b) Przykryć folią spożywczą i schłodzić w lodówce przez 2 dni.

PRZYGOTOWAĆ NADZIENIE/PASZĘ:
c) Wymieszaj nasiona melona z pastą lotosu (B), aż uzyskasz jednolitą masę.
d) Podzielić nadzienie na porcje o masie 75-80 g i uformować z nich okrągłe kulki. Odłożyć na bok.
e) Jeśli używasz solonych żółtek, umieść je na środku każdej porcji pasty lotosowej.

MONTAŻ:
f) Oprósz stół roboczy mąką.
g) Schłodzone ciasto podzielić na 35 g porcje i uformować z nich okrągłe kulki.
h) Każdą kulkę ciasta spłaszczamy i na środek nakładamy porcję nadzienia.
i) Ciasto owiń nadzieniem i uformuj z niego okrągłą kulę.
j) Kwadratową formę na ciasto księżycowe o wymiarach 6 cm x 6 cm x 3,5 cmH oprósz mąką i obtocz owinięte ciasto mąką.
k) Mocno wciśnij kulę do formy i delikatnie wybij/wyciśnij na blachę wyłożoną nieprzywierającą matą do pieczenia lub pergaminem.

PIECZENIE:

l) Przed pieczeniem delikatnie spryskaj ciasteczka wodą.
m) Piec w piekarniku nagrzanym do 175°C przez 10 minut.
n) Wyjmij blachę do pieczenia z piekarnika i pozostaw ciasteczka księżycowe do ostygnięcia na 10-15 minut.
o) Nałóż masę jajeczną na wierzch każdego ciasteczka księżycowego.
p) Włóż ciasteczka księżycowe z powrotem do piekarnika i piecz przez kolejne 13-15 minut, aż uzyskają złoty kolor.
q) Przechowuj ciasteczka księżycowe w szczelnym pojemniku przez minimum 2 dni, aby mogły zmięknąć przed podaniem.

35. Ciasto księżycowe Kahlua Snow Skin

SKŁADNIKI:
NA CIASTO SKÓRY ŚNIEŻNEJ:
- 65 g ugotowanej mąki kleistej
- 17,5 g skrobi pszennej (wymieszać z najdrobniejszą mąką i gotować na parze przez 3,5 godz min. Ostudzić i przesiać)
- 17,5 g mąki bardzo drobnej
- 60 g cukru pudru
- 25g tłuszczu piekarskiego
- 65g gorącej wody (rozpuścić granulki kawy)
- 1,5 łyżeczki ziaren kawy (ostudzić)
- 2 łyżeczki likieru Kahlua

POŻYWNY:
- 250 g pasty lotosowej (kupnej)
- Na formę o wadze 50 g, ciasto waży 25 g
- 10g pestek melona, lekko uprażonych, nadzienie też 25g

INSTRUKCJE:
NA CIASTO SKÓRY ŚNIEŻNEJ:
a) Wymieszaj ugotowaną mąkę kleistą, skrobię pszenną i mąkę bardzo drobną.
b) Gotuj mieszaninę na parze przez 3 minuty.
c) Pozostawić do ostygnięcia i przesiać, aby uzyskać gładką konsystencję.
d) Rozpuść granulki kawy w gorącej wodzie i pozostaw do ostygnięcia.

WYROB ciasto:
e) W misce wymieszaj gotowaną na parze mieszaninę, cukier puder, tłuszcz piekarski, schłodzoną mieszankę kawową i likier Kahlua.
f) powstanie miękkie i elastyczne ciasto.
g) Ciasto podzielić na 25 g porcje.

DO WYPEŁNIENIA:
h) Weź 250 g kupionej w sklepie pasty z lotosu.
i) Pastę lotosu podziel na 25 g porcji, aby uzyskać formę o masie 50 g.

MONTAŻ CIASTECZEK Księżycowych:
j) Spłaszczyć część ciasta.

k) Na środku umieść porcję pasty lotosowej (25 g).
l) Dodaj 10 g lekko prażonych nasion melona na pastę lotosu.
m) Obtocz nadzienie ciastem ze skórki śniegu, upewniając się, że jest odpowiednio uszczelnione.
n) Zwinięte ciasto zwiń w kulkę.
o) Powtórzyć proces z pozostałym ciastem i nadzieniem.
p) Złożone ciasteczka księżycowe wkładamy do lodówki na co najmniej 2 godziny lub do momentu zastygnięcia śnieżnej skórki.
q) Po schłodzeniu ciasteczka księżycowe Kahlua Snow Skin są gotowe do podania.

NASIONA CHIA

36. Ciasteczka ze Spiruliną

SKŁADNIKI:

- 1 łyżka nasion Chia
- 100 g masła wegańskiego
- 50 g cukru białego
- 50 g brązowego cukru
- 1 łyżeczka ekstraktu waniliowego
- 100 g mąki bezglutenowej
- 10 g mąki kukurydzianej
- ½ łyżeczki sody oczyszczonej
- 1,5 łyżki proszku Spiruliny
- ¼ łyżeczki soli
- 50 g białej czekolady lub orzechów makadamia

INSTRUKCJE:

a) Rozgrzej piekarnik do 200°C / 350°F / 160°C z termoobiegiem.
b) Zrób jajko chia, dodając dwie i pół łyżki gorącej wody do nasion chia, dobrze wymieszaj i odłóż na bok.
c) Rozpuść masło w rondlu lub kuchence mikrofalowej. Dodaj cukier i ubijaj, aż masa będzie gładka.
d) Dodaj jajko chia i wanilię do masła i cukru i dobrze wymieszaj.
e) Do dużej miski przesiać mąkę, skrobię kukurydzianą, sodę oczyszczoną, spirulinę i sól i wymieszać do połączenia.
f) Wlać mokrą mieszaninę i dobrze wymieszać.
g) Włóż kawałki czekolady.
h) Uformuj 8 kulek i ułóż je na blasze wyłożonej papierem pergaminowym. Pozostaw około 4 cm odstępu pomiędzy każdą kulką.
i) Piec przez 10 do 12 minut, aż krawędzie zaczną się rumienić.

37. Nocne płatki owsiane z groszku motylkowego

SKŁADNIKI:
PŁATKI OWSIANE NAMACZANE PRZEZ NOC
- ¼ szklanki płatków owsianych
- 1 szklanka wybranego mleka
- 1 łyżka nasion Chia
- 1 wybrany proszek białkowy
- 3 łyżki płynu z groszku motylkowego

HERBATA KWIATOWA Z GROSZKU MOTYLOWEGO
- 1 łyżka suszonych kwiatów groszku motylkowego
- 6 szklanek gorącej wody

INSTRUKCJE:
a) Najpierw zaparz herbatę z groszku motylkowego.
b) Po prostu znajdź duży dzbanek, włóż do niego suszone kwiaty groszku motylkowego i zalej gorącą wodą.
c) Przed użyciem należy zaparzyć herbatę co najmniej przez godzinę. Jeśli chcesz, możesz dodać do niego słodzik.
d) Weź słoik z masonem.
e) Dodaj wszystkie składniki do słoika, z wyjątkiem herbaty z groszku motylkowego, i dobrze wymieszaj.
f) Odczekaj minutę lub dwie i po prostu wlej herbatę do słoika. Osiada na dnie, zapewniając efekt warstwowy.
g) Włóż słoik do lodówki na noc.
h) Dodaj wybrane dodatki i ciesz się smakiem!

38. Matcha I Motyl Grochowy Miska Smoothie

SKŁADNIKI:
- 1 szklanka szpinaku
- 1 mrożony banan
- ½ szklanki ananasa
- ½ łyżeczki wysokiej jakości proszku matcha
- ½ łyżeczki ekstraktu waniliowego
- ⅓ szklanki niesłodzonego mleka migdałowego

BYCZY
- Mennica
- kiwi
- Jagody
- nasiona Chia
- Suszone kwiaty grochu motylkowego

INSTRUKCJE:
a) Wszystkie składniki smoothie włóż do blendera.
b) Pulsuj, aż masa będzie gładka i kremowa.
c) Wlać smoothie do miski.
d) Posypać dodatkami i od razu zjeść.

39. Groszek motylkowy Glazed Donuts

SKŁADNIKI:
PĄCZEK:
- 1 rozgnieciony banan
- 1 szklanka niesłodzonego sosu jabłkowego
- 1 jajko lub 1 łyżka nasion chia zmieszanych z wodą
- 50 g roztopionego oleju kokosowego
- 4 łyżki miodu lub syropu z nektaru z agawy
- 1 łyżka wanilii
- 1 łyżeczka cynamonu
- 150 g mąki gryczanej
- 1 łyżeczka proszku do pieczenia

Glazura z grochu motylkowego:
- 1/2 szklanki orzechów nerkowca namoczonych przez 4 godziny
- 1 szklanka mleka migdałowego
- 40 kwiatów herbaty z groszku motylkowego
- 1 łyżka syropu nektarowego z agawy
- 1 łyżka esencji waniliowej

INSTRUKCJE:
ABY ZROBIĆ PĄCZKI:
a) Wymieszaj wszystkie suche składniki.
b) Wymieszaj wszystkie mokre składniki.
c) Do suchych dodać mokre i przełożyć do foremek na pączki.
d) Piec w temperaturze 160 stopni przez 15 minut.

DO WYKONANIA glazury:
e) Zmiksuj orzechy nerkowca w robocie kuchennym na gładką masę.
f) W rondlu podgrzej mleko migdałowe i dodaj herbatę. Dusić na małym ogniu przez 10 minut.
g) Dodaj niebieskie mleko migdałowe do zmiksowanych orzechów nerkowca, dodaj nektar z agawy i esencję waniliową i ponownie wymieszaj, aż składniki się połączą.
h) Przechowuj w lodówce, aż pączki ugotują się i ostygną.
i) Udekoruj pączki polewą i dodatkowymi kwiatami!
j) Te pączki są wegańskie, bezglutenowe i bez rafinowanego cukru – więc naprawdę nie ma się co powstrzymywać: śmiało zjedz je wszystkie!

40. Biscotti z żurawiną i nasionami chia

SKŁADNIKI:
- 2 filiżanki mąki uniwersalnej
- 1 łyżeczka proszku do pieczenia
- ½ łyżeczki soli
- ½ szklanki niesolonego masła, zmiękczonego
- 1 szklanka granulowanego cukru
- 2 duże jajka
- 1 łyżka ekstraktu waniliowego
- ¼ szklanki nasion chia
- ¼ szklanki suszonej żurawiny
- ¼ szklanki posiekanych migdałów

INSTRUKCJE:
a) Rozgrzej piekarnik do 175°C (350°F). Dużą blachę do pieczenia wyłóż papierem pergaminowym.
b) W średniej misce wymieszaj mąkę, proszek do pieczenia i sól, aż dobrze się połączą.
c) W osobnej dużej misce użyj miksera elektrycznego, aby utrzeć masło z cukrem na jasną i puszystą masę, około 2-3 minuty.
d) Wbijaj jajka, jedno po drugim, a następnie ekstrakt waniliowy.
e) Stopniowo dodawaj suche składniki, używając szpatułki, aż ciasto się połączy.
f) Dodaj nasiona chia, suszoną żurawinę i posiekane migdały, aż równomiernie rozmieszczą się w cieście.
g) Ciasto podzielić na dwie równe części i z każdej uformować wałek o długości około 12 cali i szerokości 2 cali.
h) Połóż polana na przygotowanej blasze do pieczenia i piecz przez 25-30 minut lub do momentu, aż będą twarde w dotyku.
i) Wyjmij bułki z piekarnika i pozostaw je na blasze do ostygnięcia na 5-10 minut.
j) Za pomocą ząbkowanego noża pokrój polana na plastry o grubości ½ cala i połóż je z powrotem na blasze do pieczenia, przecięciem do dołu.
k) Włóż biscotti z powrotem do piekarnika i piecz przez dodatkowe 10-15 minut lub do momentu, aż będą chrupiące i suche.
l) Przed podaniem biscotti należy całkowicie wystudzić na metalowej kratce.

41.Budyń Chia z kwiatami czarnego bzu

SKŁADNIKI:

- ¼ szklanki nasion chia
- 1 szklanka mleka (mlecznego lub roślinnego)
- 2 łyżki syropu z kwiatów czarnego bzu lub koncentratu herbaty z kwiatów czarnego bzu
- 1 łyżka miodu lub wybranego słodzika
- Świeże owoce, orzechy lub granola do posypania

INSTRUKCJE:

a) W słoiku lub pojemniku połącz nasiona chia, mleko, syrop z czarnego bzu lub koncentrat herbaty i miód.
b) Dobrze wymieszaj, aby połączyć i upewnić się, że nasiona chia są równomiernie rozłożone.
c) Przykryj słoik i wstaw do lodówki na co najmniej 2 godziny lub na noc, aż mieszanina zgęstnieje i zacznie przypominać budyń.
d) Mieszaj mieszaninę raz lub dwa razy w czasie chłodzenia, aby zapobiec zlepianiu się.
e) Podawaj budyń chia z kwiatami czarnego bzu schłodzony i posypany świeżymi owocami, orzechami lub muesli, aby dodać tekstury i smaku.

42. Miska na smoothie z kwiatem czarnego bzu

SKŁADNIKI:
- 1 mrożony banan
- ½ szklanki mrożonych jagód (takich jak truskawki, maliny lub jagody)
- ¼ szklanki herbaty z kwiatów czarnego bzu (mocno zaparzonej i schłodzonej)
- ¼ szklanki jogurtu greckiego lub jogurtu roślinnego
- 1 łyżka nasion chia
- Dodatki: pokrojone owoce, granola, płatki kokosowe, orzechy itp.

INSTRUKCJE:
a) W blenderze połącz zamrożony banan, mrożone jagody, herbatę z czarnego bzu, jogurt grecki i nasiona chia.
b) Mieszaj, aż masa będzie gładka i kremowa. W razie potrzeby dodaj odrobinę dodatkowej herbaty z kwiatu czarnego bzu lub wody, aby uzyskać pożądaną konsystencję.
c) Wlać smoothie do miski.
d) Udekoruj pokrojonymi owocami, granolą, płatkami kokosowymi, orzechami lub innymi dodatkami, które lubisz.
e) Ciesz się orzeźwiającą i żywą miską smoothie z kwiatu czarnego bzu jako pożywnym śniadaniem.

43. Dżem Chia z kwiatów czarnego bzu

SKŁADNIKI:

- 2 szklanki świeżych lub mrożonych jagód (takich jak truskawki, maliny lub jagody)
- ¼ szklanki syropu z kwiatów czarnego bzu
- 2 łyżki nasion chia
- 1 łyżka miodu lub innego słodzika (opcjonalnie)

INSTRUKCJE:

a) W rondlu wymieszaj jagody z syropem z kwiatów czarnego bzu lub koncentratem herbaty.
b) Doprowadzić mieszaninę do delikatnego wrzenia na średnim ogniu, mieszając od czasu do czasu i rozgniatając jagody łyżką lub widelcem.
c) Gotuj jagody przez około 5-10 minut lub do czasu, aż się rozpadną i puszczą sok.
d) Dodaj nasiona chia i miód lub słodzik (jeśli używasz) i kontynuuj gotowanie przez kolejne 5 minut, często mieszając, aż dżem zgęstnieje.
e) Zdejmij rondelek z ognia i pozostaw dżem do ostygnięcia na kilka minut.
f) Przenieś dżem chia z kwiatu czarnego bzu do słoika lub pojemnika i przechowuj w lodówce, aż uzyska konsystencję nadającą się do smarowania.
g) Posmaruj dżemem chia z kwiatów czarnego bzu tosty lub bajgle albo użyj go jako polewy do naleśników lub płatków owsianych, aby nadać śniadaniu owocowo-kwiatowy akcent.

44. Ukąszenia energetyczne hibiskusa

SKŁADNIKI:

- 1 szklanka daktyli, bez pestek
- ½ szklanki migdałów
- ¼ szklanki koncentratu herbaty z hibiskusa
- 2 łyżki nasion chia
- 2 łyżki wiórków kokosowych
- Opcjonalnie: kakao w proszku lub pokruszone orzechy do panierowania

INSTRUKCJE:

a) W robocie kuchennym zmiksuj daktyle i migdały, aż utworzą lepką mieszaninę.
b) Dodaj koncentrat herbaty z hibiskusa, nasiona chia i wiórki kokosowe do robota kuchennego. Mieszaj ponownie, aż dobrze się połączą.
c) Weź małe porcje mieszanki i uformuj z nich kulki wielkości kęsa.
d) Opcjonalnie: Obtocz energetyczne kawałki w kakao lub pokruszonych orzechach do panierowania.
e) Umieść kęsy energetyczne w szczelnym pojemniku i wstaw do lodówki na co najmniej 30 minut, aby stwardniały.

45.Puddingi Chia z Mason Jar

SKŁADNIKI:
- 1 ¼ szklanki 2% mleka
- 1 szklanka 2% zwykłego jogurtu greckiego
- ½ szklanki nasion chia
- 2 łyżki miodu
- 2 łyżki cukru
- 1 łyżka skórki pomarańczowej
- 2 łyżeczki ekstraktu waniliowego
- ¾ szklanki podzielonych na segmenty pomarańczy
- ¾ szklanki podzielonych na segmenty mandarynek
- ½ szklanki podzielonego na segmenty grejpfruta

INSTRUKCJE:
a) W dużej misce wymieszaj mleko, jogurt grecki, nasiona chia, miód, cukier, skórkę pomarańczową, wanilię i sól, aż dobrze się połączą.
b) Podziel mieszaninę równomiernie na cztery (16-uncjowe) słoiki. Przechowywać w lodówce przez noc lub do 5 dni.
c) Podawać na zimno, z dodatkiem pomarańczy, mandarynek i grejpfrutów.

46. Matcha – nocne płatki owsiane

SKŁADNIKI:
- ½ szklanki tradycyjnych płatków owsianych
- ½ szklanki mleka lub ulubionej alternatywy mleka
- ¼ szklanki jogurtu greckiego
- 1 łyżeczka proszku matcha
- 2 łyżeczki nasion chia
- 1 łyżeczka miodu
- odrobina ekstraktu waniliowego

INSTRUKCJE:
a) Wszystkie składniki odmierzyć do słoika lub miski i dobrze wymieszać.
b) Przechowuj w lodówce i ciesz się następnym porankiem!

47.Koktajl z awokado Matcha

SKŁADNIKI:
- ½ awokado, obrane i pokrojone w kostkę
- ⅓ ogórka
- 2 szklanki szpinaku
- 1 szklanka mleka kokosowego
- 1 szklanka mleka migdałowego
- 1 łyżeczka proszku matcha
- ½ soku z limonki
- ½ miarki proszku białkowego waniliowego
- ½ łyżeczki nasion chia

INSTRUKCJE:
a) Miąższ awokado zmiksuj z ogórkiem i resztą składników w blenderze na gładką masę.
b) Podawać.

48.Słoiki Parfait z gruszką i pistacjami

SKŁADNIKI:
GRUSZKOWY PUDDING CHIA:
- ¼ szklanki puree z gruszek
- ⅓ szklanki niesłodzonego mleka waniliowego lub zwykłego migdałowego
- 3 łyżki nasion chia
- Pudding gruszkowo-awokado:
- 1 dojrzałe awokado
- 1-2 łyżeczki miodu lub nektaru kokosowego, w zależności od preferowanej słodyczy
- 2 łyżki puree gruszkowego

POZOSTAŁE WARSTWY I DEKORACJE:
- ½ szklanki ulubionej granoli
- ½ szklanki zwykłego jogurtu kokosowego lub waniliowego jogurtu greckiego
- ¼ szklanki posiekanej świeżej gruszki
- 2 łyżki posiekanych pistacji
- 2 łyżeczki miodu lub nektaru kokosowego

INSTRUKCJE:
a) Rozpocznij od przygotowania gruszkowego puddingu chia, dodając wszystkie składniki do miski, mieszając, aż dobrze się połączą, a następnie odstaw do lodówki na 15-20 minut, aby zgęstniało.

b) Następnie przygotuj pudding z gruszką awokado, dodając wszystkie składniki do małego robota kuchennego lub blendera baby bullet i pulsuj, aż mieszanina będzie gładka. Sprawdź smak i dodaj więcej miodu/nektaru kokosowego, jeśli wolisz, żeby budyń z awokado był słodszy.

c) Gdy budyń chia zgęstnieje, wymieszaj go jeszcze raz i gotowe jest ułożenie warstw wszystkich składników.

d) Używając dwóch 8-uncjowych słoików, podziel granolę, jogurt, budyń chia i budyń z awokado, układając je warstwami w dowolnym układzie pomiędzy dwoma słoikami.

e) Na koniec napełnij każdy słoik 2 łyżkami posiekanej świeżej gruszki i 1 łyżką posiekanych pistacji, a następnie skrop każdy słoik 1 łyżeczką miodu lub nektaru kokosowego.

SIEMIE LNIANE/NASIONA LNU

49. Wegańskie klopsiki pieczone w piekarniku

SKŁADNIKI:
- 1 łyżka zmielonych nasion lnu
- ¼ szklanki + 3 łyżki bulionu warzywnego
- 1 duża cebula, obrana i pokrojona na ćwiartki
- 2 ząbki czosnku, obrane
- 1 ½ roślinnych klopsików mięsnych
- 1 szklanka bułki tartej
- ½ szklanki wegańskiego parmezanu
- 2 łyżki świeżej pietruszki, drobno posiekanej
- Sól i pieprz do smaku
- Spray oleju kuchennego

INSTRUKCJE:
a) Dodaj cebulę i czosnek do robota kuchennego i zmiksuj na puree.
b) Do dużej miski dodać jajko lniane, ¼ szklanki bulionu warzywnego, puree z cebuli i czosnku, mięso roślinne z klopsików Impossible, bułkę tartą, wegański parmezan, natkę pietruszki oraz szczyptę soli i pieprzu.
c) Dobrze wymieszaj, aby połączyć.
d) Z wegańskiej mieszanki klopsików na 32 kulki.
e) Ułóż wegańskie klopsiki na wyłożonej papierem blasze do pieczenia i piecz w piekarniku przez około 10 minut lub do złotego koloru.

50. Okrągłe ciasteczka włókniste

SKŁADNIKI:

- 2 łyżki nasion lnu
- 2 łyżki kiełków pszenicy
- ⅔ szklanki Carbquiku
- ¼ szklanki mąki pszennej wysokoglutenowej
- 2 łyżki masła, temperatura pokojowa
- Około 1 szklanka wody

INSTRUKCJE:

a) Zmiel nasiona lnu i kiełki pszenicy na mączną konsystencję za pomocą młynka do kawy lub podobnego urządzenia.
b) W misce wymieszaj za pomocą widelca Carbquik i mąkę pszenną o wysokiej zawartości glutenu. Dodać zmielone nasiona lnu i mączkę z kiełków pszenicy, dobrze wymieszać.
c) Pokrój masło o temperaturze pokojowej na suche składniki, mieszaj, aż będzie przypominać grubą okruchy.
d) Stopniowo dodawaj do mieszanki ¾ gorącej wody z kranu, dobrze mieszając, aż powstanie ciasto. Kontynuuj dodawanie niewielkiej ilości wody w razie potrzeby, aż ciasto osiągnie konsystencję lekkiego ciasta biszkoptowego.
e) Natłuszczonymi rękami podziel ciasto na 10 kulek jednakowej wielkości, mniej więcej wielkości orzecha włoskiego.
f) Wciśnij każdą kulkę na natłuszczoną blachę do pieczenia lub nienatłuszczony kamień do pieczenia, aby utworzyć 4-calowe rundy.
g) Piec w nagrzanym piekarniku do temperatury 175°C, aż krawędzie ledwo zaczną się rumienić.
h) Natychmiast wyjmij krążki ciasteczek z piekarnika i blachy do pieczenia lub kamienia, aby ostygły.
i) Po ostygnięciu ciesz się domowymi krążkami ciastek Carbquik Fibre!

51. Ciasteczka czekoladowe w pudełku śniadaniowym

SKŁADNIKI:
- ⅓ szklanki niesłodzonego musu jabłkowego
- ⅓ szklanki masła migdałowego
- ½ szklanki suchego słodzika
- 1 łyżka zmielonego siemienia lnianego
- 2 łyżeczki czystego ekstraktu waniliowego
- 1⅓ szklanki mąki owsianej
- ½ łyżeczki sody oczyszczonej
- ½ łyżeczki soli
- ¼ szklanki mąki z sorgo lub mąki pełnoziarnistej
- ½ szklanki kawałków czekolady słodzonej zbożem

INSTRUKCJE:
a) Rozgrzej piekarnik do 350°F. Dwie duże blachy do pieczenia wyłóż papierem do pieczenia lub matami do pieczenia Silpat.
b) W dużej misce wymieszaj mocnym widelcem mus jabłkowy, masło migdałowe, suchy słodzik i siemię lniane. Gdy masa będzie już w miarę gładka, dodaj wanilię.
c) Dodaj mąkę owsianą, sodę oczyszczoną i sól i dobrze wymieszaj. Dodaj mąkę z sorgo i kawałki czekolady i dobrze wymieszaj.
d) Nakładaj łyżką ciasta na przygotowane blachy do pieczenia w odstępach około 1,5 łyżki stołowej, w odległości około 2 cali. Ciastka lekko spłaszczyć, tak aby przypominały grube krążki (w trakcie pieczenia nie będą się zbytnio rozpływać). Piec przez 8 do 10 minut. Im dłużej je pieczesz, tym będą bardziej chrupiące.
e) Wyjmij ciasteczka z piekarnika i pozwól im ostygnąć na blasze przez 5 minut, a następnie przenieś na kratkę do całkowitego wystygnięcia.

52. Krakersy Fonio i Moringa

SKŁADNIKI:

NA KRAKERSY:
- 3/4 szklanki Fonio Super-Grain zmieszanego z mąką
- 1 łyżeczka proszku Moringa
- 1 szklanka pestek dyni
- 3/4 szklanki nasion słonecznika
- 1/2 szklanki siemienia lnianego, całe nasiona
- 1/2 szklanki nasion chia
- 1/3 szklanki bezglutenowych szybkich płatków owsianych
- 2 łyżki maku
- 1/2 łyżeczki soli
- 1/2 łyżeczki pieprzu
- 1/4 łyżeczki kurkumy w proszku
- 2 łyżki oliwy z oliwek chili lub zwykłej oliwy z oliwek
- 1/2 szklanki wody

NA DESKĘ:
- Orzechy
- Suszone owoce
- Świeży owoc
- Ser wegański

INSTRUKCJE:

a) Rozgrzej piekarnik do 190°. Wszystkie suche składniki wymieszaj w misce.
b) Dodaj oliwę z oliwek i wodę i dobrze wymieszaj, aż powstanie ciasto.
c) Podziel mieszaninę na dwie części. Weź jedną połówkę i umieść ją pomiędzy dwoma kawałkami papieru pergaminowego i rozwałkuj ciasto na długość ok. Grubość 2-3 mm.
d) Wytnij wybrany kształt i przełóż je na blachę do pieczenia. Powtórz kroki z drugą połową ciasta. Piec przez 20-25 minut lub do momentu, aż krawędzie staną się złotobrązowe.
e) Pozostawić do ostygnięcia na 10 minut. Podawać z różnymi owocami, orzechami, serami i dipami.

53. Energetyczne przekąski bez pieczenia z Nutellą

SKŁADNIKI:
- 1 szklanka staromodnych płatków owsianych
- ½ szklanki chrupiących płatków ryżowych lub wiórków kokosowych
- ½ szklanki Nutelli
- ¼ szklanki masła orzechowego
- ½ szklanki mielonego siemienia lnianego
- ⅓ szklanki miodu
- 1 łyżka oleju kokosowego
- 1 łyżeczka wanilii
- ½ szklanki kawałków czekolady

INSTRUKCJE:

a) Wymieszaj płatki owsiane, chrupiące płatki ryżowe, Nutellę, masło orzechowe, mielone siemię lniane, miód, wanilię, olej kokosowy i mini chipsy czekoladowe.

b) Z powstałej masy formuj małe kulki, każda po około 1 łyżce stołowej. Ułóż kulki na kawałku papieru pergaminowego.

c) Za pomocą rąk zwiń je w ciasno upakowane kulki. Włożyć do lodówki do stężenia.

54. Jabłko Borówka Orzech Chrupki

SKŁADNIKI:
POŻYWNY:
- 3 duże, czerwone lub złote, pyszne jabłka, obrane i pokrojone w plasterki
- 2 łyżki brązowego cukru pudru
- 2 łyżki mąki pełnoziarnistej
- 1 łyżeczka ekstraktu waniliowego
- ½ łyżeczki mielonego cynamonu
- ½ litra jagód (1 szklanka)

KRUSCY NADZIEJA:
- ¾ szklanki orzechów włoskich, bardzo drobno posiekanych
- ¼ szklanki tradycyjnych lub szybko gotujących się płatków owsianych
- 2 łyżki brązowego cukru pudru
- 2 łyżki mąki pełnoziarnistej
- 2 łyżki zmielonego siemienia lnianego
- ½ łyżeczki mielonego cynamonu
- ⅛ łyżeczki soli
- 2 łyżki oleju rzepakowego

INSTRUKCJE:
a) Rozgrzej piekarnik do 400°F.
b) Połącz jabłka, brązowy cukier, mąkę, wanilię i cynamon w dużej misce i wymieszaj. Delikatnie wrzuć jagody. Umieść mieszaninę jabłek w naczyniu do pieczenia o wymiarach 8 x 8 cali i odłóż na bok.
c) Aby przygotować polewę, w średniej misce wymieszaj orzechy włoskie, płatki owsiane, brązowy cukier, mąkę pełnoziarnistą, siemię lniane, cynamon i sól.
d) Dodaj olej rzepakowy i mieszaj, aż suche składniki dobrze się nimi pokryją.
e) Nadzienie równomiernie rozsmarować na masie owocowej.
f) Piec przez 40 do 45 minut lub do momentu, aż owoce będą miękkie, a polewa nabierze złotobrązowego koloru (przykryć folią, jeśli polewa zbyt szybko się rumieni).

55. Koktajl oczyszczający z jagód i boćwiny

SKŁADNIKI:
- 3 liście boćwiny, usunięte łodygi
- ¼ szklanki mrożonej żurawiny
- Woda, 1 szklanka
- mielone siemię lniane, 2 łyżki
- 1 szklanka malin
- Daktyl Medjool z 2 pestkami

INSTRUKCJE:
a) Umieść wszystkie składniki w blenderze i zmiksuj, aż masa będzie całkowicie gładka.

NASIONA KARDAMONU

56.Indyjska Masala Chai Affogato

SKŁADNIKI:
- 1 gałka lodów masala chai lub lodów
- 1 shot herbaty chai
- zmiażdżone nasiona kardamonu
- pokruszone pistacje

INSTRUKCJE:
a) Do szklanki włóż gałkę lodów masala chai lub lodów.
b) Lody polej kieliszkiem herbaty chai.
c) Posyp pokruszonymi ziarnami kardamonu.
d) Udekoruj pokruszonymi pistacjami.
e) Podawaj natychmiast i delektuj się ciepłymi i aromatycznymi smakami indyjskiego masala chai.

57.Chai Lody

SKŁADNIKI:
- 2 gwiazdki anyżu
- 10 całych goździków
- 10 całe ziele angielskie
- 2 laski cynamonu
- 10 całych ziaren białego pieprzu
- 4 strąki kardamonu otwarte na nasiona
- ¼ szklanki mocnej czarnej herbaty (śniadanie cejlońskie lub angielskie)
- 1 szklanka mleka
- 2 szklanki gęstej śmietanki (podzielone na 1 filiżankę i 1 filiżankę)
- ¾ szklanki cukru
- Szczypta soli
- 6 żółtek (patrz jak rozdzielić jajka)

INSTRUKCJE:

a) Do ciężkiego rondla wlać 1 szklankę mleka, 1 szklankę śmietanki, przyprawy chai – anyż gwiazdkowaty, goździki, ziele angielskie, laski cynamonu, ziarna białego pieprzu i strąki kardamonu oraz szczyptę soli.

b) Podgrzewaj mieszaninę, aż zacznie parować (nie wrzeć) i być gorąca w dotyku. Zmniejsz ogień do ciepłego, przykryj i odstaw na 1 godzinę.

c) Podgrzej ponownie mieszaninę, aż będzie gorąca (znowu nie wrząca), dodaj liście czarnej herbaty, zdejmij z ognia, dodaj herbatę i pozostaw do zaparzenia na 15 minut.

d) Herbatę i przyprawy odcedź przez sitko o drobnych oczkach, a następnie wlej zaparzoną śmietankę mleczną do osobnej miski.

e) Wlej mieszaninę mleka i śmietanki do rondla o grubym dnie. Do mieszanki mleczno-śmietanowej dodać cukier i podgrzewać, mieszając, aż cukier całkowicie się rozpuści.

f) Podczas gdy herbata parzy się w poprzednim kroku, przygotuj pozostałą 1 szklankę śmietanki w łaźni lodowej.

g) Wlać śmietankę do średniej wielkości metalowej miski i zalać ją wodą z lodem (z dużą ilością lodu) nad większą miską. Ustaw sitko na wierzchu misek. Odłożyć na bok.

h) Żółtka ubić w średniej wielkości misce. Powoli wlewaj podgrzaną śmietankę mleczną do żółtek, cały czas mieszając, tak aby żółtka zostały zahartowane przez ciepłą mieszankę, ale nie ugotowane . Ogrzane żółtka zeskrobać z powrotem do rondla.
i) Wstaw rondelek z powrotem do pieca, stale mieszając mieszaninę na średnim ogniu drewnianą łyżką, zdrapując dno podczas mieszania, aż mieszanina zgęstnieje i pokryje łyżkę, tak że będziesz mógł przesuwać palcem po powłoce, tak aby powłoka nie spływała. Może to zająć około 10 minut.
j) Gdy tylko to nastąpi, mieszaninę należy natychmiast zdjąć z ognia i przelać przez sito nad łaźnią lodową, aby w kolejnym kroku zatrzymać gotowanie .

58. Herbata Z Płatkami Wodorostów Kombu

SKŁADNIKI:

- 1-4 łyżeczki płatków lub proszku Kombu
- 1 litr zimnej wody
- 1-4 łyżeczki zielonej herbaty liściastej
- 2 plasterki świeżego imbiru lub korzenia galangi
- 1 łyżeczka cynamonu
- 2 plasterki cytryny lub limonki
- szczypta ziaren kardamonu

INSTRUKCJE:

a) Dodaj zieloną herbatę, Kombu i wybrane smaki do 1,5-litrowego dzbanka zimnej wody.
b) Pozwól mu parzyć, aż uzyska dobry kolor. Zajmie to kilka godzin.
c) Jeśli masz ochotę na gorący napar, zalej pół kubka zimnej herbaty wrzątkiem.

59. Ciasteczka Maślane Pomarańczowo-Kardamonowe Z Lukierem Różanym

SKŁADNIKI:
NA CIASTA
- 2 łyżki pełnego mleka
- 1 ½ łyżeczki startej skórki pomarańczowej
- ½ łyżeczki wody z kwiatu pomarańczy
- ½ laski wanilii przekrojonej na pół
- ½ szklanki niesolonego masła (4 uncje) w temperaturze pokojowej plus więcej do natłuszczenia patelni
- 1 szklanka mąki uniwersalnej (około 4 ¼ uncji) plus więcej na patelnię
- 1 łyżeczka proszku do pieczenia
- ¼ łyżeczki zmielonych nasion zielonego kardamonu
- ⅛ łyżeczki soli koszernej
- ½ szklanki plus 1 łyżka cukru pudru
- 2 duże jajka w temperaturze pokojowej

DO LUKRU
- 1 ½ szklanki cukru pudru (około 6 uncji)
- 1 szklanka niesolonego masła (8 uncji), zmiękczonego
- ½ łyżeczki wody z kwiatu pomarańczy
- ½ łyżeczki ekstraktu waniliowego
- ⅛ łyżeczki wody różanej
- ½ szklanki dżemu malinowego bez pestek
- 1 ½ łyżeczki świeżego soku pomarańczowego

DODATKOWY SKŁADNIK
- Suszone płatki róż do dekoracji

INSTRUKCJE:
ZROBIĆ CIASTA:
a) Rozgrzej piekarnik do 325°F. W małej misce połącz mleko, skórkę pomarańczową i wodę z kwiatu pomarańczy. Przekrój laskę wanilii wzdłuż na pół i zeskrob nasiona wanilii do mieszanki mlecznej; wymieszać do połączenia. Dodaj laskę wanilii do mieszanki mlecznej; odłożyć na bok.
b) Obficie natłuść dno i boki 8 dołków standardowej formy do muffinów na 12 muffinów masłem. Oprószyć obficie mąką. Przechyl, aby całkowicie zakryć boki i strzepnij nadmiar. Odłożyć na bok.
c) W średniej misce wymieszaj mąkę, proszek do pieczenia, kardamon i sól.
d) Ubij masło i cukier w dużej misce za pomocą miksera elektrycznego na średniej prędkości, aż będą jasne i puszyste, od 5 do 7 minut. Dodawaj jajka do mieszanki maślanej, jedno po drugim, ubijając na średniej prędkości, aż składniki się połączą.
e) Mikserem pracującym na niskich obrotach stopniowo dodawaj mieszankę mąki do masy maślanej w 3 porcjach, na zmianę z mieszanką mleka. Ubijaj, aż ciasto będzie gładkie, około 2 minut.
f) Rozłóż ciasto równomiernie pomiędzy 8 przygotowanymi dołkami formy do muffinów; gładkie blaty za pomocą przesuniętej szpatułki.
g) Piec, aż drewniany wykałaczka włożona w środek ciasta wyjdzie czysta, od 18 do 20 minut. Studzimy na patelni przez 10 minut. Zdejmij z patelni; całkowicie ostudzić na metalowej kratce przez około 20 minut.
h) Za pomocą ząbkowanego noża zdejmij i wyrzuć wypukłe wierzchołki z ciast. Przewracaj ciasta na deskę do krojenia, przekrojoną stroną do dołu. Przekrój ciasta na pół, tworząc po 2 warstwy dla każdej.

ZROBIĆ LUK:
i) Ubij cukier puder i masło w średniej misce za pomocą miksera elektrycznego na średnio-wysokiej prędkości, aż uzyskasz jasną i puszystą masę, około 5 minut.

j) Dodaj wodę z kwiatu pomarańczy, ekstrakt waniliowy i wodę różaną; ubijaj, aż się połączą.
k) W małej misce wymieszaj dżem malinowy i sok pomarańczowy, aż uzyskasz gładką masę.

DO MONTAŻU CIASTA:
l) Na dolną warstwę 1 ciasta nałóż 2 łyżeczki lukru. Na wierzch połóż 1 łyżeczkę mieszanki dżemu i połóż górną warstwę ciasta na dżemie.
m) Rozsmaruj cienką warstwę lukru na zewnętrznej stronie ciasta; Na wierzch ciasta rozsmaruj 2 łyżeczki lukru.
n) Posmaruj wierzch 1 łyżeczką mieszanki dżemu, pozwalając, aby nadmiar delikatnie spłynął po bokach.
o) Powtórzyć z pozostałymi ciastami. Udekoruj suszonymi płatkami róż.

NASIONA KONOPII

60.Pulpety Z Buraków Czerwonych

SKŁADNIKI:
- Puszka 15 uncji jasnoczerwonej fasoli
- 2 ½ łyżki oliwy z oliwek z pierwszego tłoczenia
- 2 ½ uncji grzybów Cremini
- 1 czerwona cebula
- ½ szklanki ugotowanego brązowego ryżu
- ¾ szklanki surowych buraków
- 1/3 szklanki nasion konopi
- 1 łyżeczka mielonego czarnego pieprzu
- ½ łyżeczki soli morskiej
- ½ łyżeczki mielonych nasion kolendry
- 1 wegański zamiennik jajka

INSTRUKCJE:
a) Rozgrzej piekarnik do 375°F. Fasolę dobrze rozgnieć w misce i odłóż na bok.
b) Rozgrzej olej na patelni z powłoką nieprzywierającą na średnim ogniu.
c) Dodaj grzyby i cebulę i smaż, aż zmiękną, około 8 minut.
d) Mieszankę warzywną przełożyć do naczynia miksującego z fasolą.
e) Mieszaj ryż, buraki, nasiona konopi, pieprz, sól i kolendrę, aż się połączą.
f) Dodaj wegański zamiennik jajka i mieszaj, aż składniki dobrze się połączą.
g) Z powstałej masy uformuj cztery kulki i umieść je na blaszce wyłożonej papierem do pieczenia niebielonym pergaminem.
h) Lekko natrzyj wierzch klopsików ½ łyżki oleju, używając opuszków palców.
i) Piec przez 1 godzinę. Bardzo delikatnie przewróć każdy klopsik i piecz, aż będzie ostry, jędrny i rumiany, jeszcze około 20 minut.

61. Nocne płatki owsiane ze spiruliną jagodową

SKŁADNIKI:
- ½ szklanki płatków owsianych
- 1 łyżka wiórków kokosowych
- ⅛ łyżeczki cynamonu
- ½ łyżeczki spiruliny
- ½ szklanki mleka roślinnego
- 1 ½ łyżki jogurtu roślinnego
- ¼ szklanki mrożonych jagód
- 1 łyżeczka nasion konopi
- 1 kiwi, pokrojone w plasterki

INSTRUKCJE:

a) W słoiku lub misce dodaj płatki owsiane, wiórki kokosowe, cynamon i spirulinę. Następnie dodajemy mleko roślinne oraz jogurt kokosowy lub naturalny.

b) Na wierzch dodaj mrożone jagody i kiwi. Przechowywać w lodówce przez noc lub przynajmniej przez godzinę lub dłużej.

c) Jeśli chcesz, przed podaniem dodaj nasiona konopi. Cieszyć się!

62. Miska na smoothie brzoskwiniowe

SKŁADNIKI:

- 2 szklanki brzoskwiń, mrożonych
- 1 banan, mrożony
- 1 ½ szklanki niesłodzonego mleka migdałowego o smaku waniliowym
- 1 łyżka nasion konopi
- Mieszane jagody
- jadalne kwiaty
- świeże plasterki brzoskwiń
- plastry świeżego ananasa

INSTRUKCJE:

- ☑ Dodaj wszystkie składniki, z wyjątkiem jadalnych kwiatów, świeżych plasterków brzoskwiń i świeżych plasterków ananasa, do kielicha blendera i mieszaj, aż uzyskasz gładkość, uważając, aby nie wymieszać.
- ☑ Udekoruj jadalnymi kwiatami, plasterkami świeżej brzoskwini, plasterkami świeżego ananasa lub innymi dodatkami według własnego uznania.

63.Kora Czekoladowa Z Jagodami Goji

SKŁADNIKI:
- 12 uncji kawałków czekolady
- 2,5 łyżki proszku z mchu morskiego
- 1 łyżka nasion konopi
- ½ szklanki surowych orzechów
- 2 łyżki jagód goji
- ½ łyżeczki himalajskiej soli morskiej, opcjonalnie

INSTRUKCJE:
a) Zbierz składniki. Przygotuj składniki, aby kora czekolady była łatwa do złożenia.
b) Weź dużą miskę, którą można używać w kuchence mikrofalowej, dodaj czekoladę, a następnie roztapiaj czekoladę w kuchence mikrofalowej w 30-sekundowych odstępach, mieszając pomiędzy każdą przerwą.
c) Gdy czekolada całkowicie się rozpuści, przenieś czekoladę na wyłożony pergaminem talerz lub blachę do pieczenia. Za pomocą szpatułki rozprowadź czekoladę cienką, równą warstwą o grubości około ¼ cala.
d) Dodaj do dodatków.
e) Przełóż talerz do lodówki i poczekaj, aż czekolada stwardnieje, co powinno zająć około 30 minut.
f) Gdy czekolada zastygnie, możesz ją połamać na kawałki wielkości kęsa.
g) Ciesz się czekoladą! Pozostałą część kory czekolady przechowuj w hermetycznym pojemniku w lodówce do tygodnia.

64.Zielona herbata i imbir Koktajl

SKŁADNIKI:
- 1 gruszka Anjou, posiekana
- ¼ szklanki białych rodzynek lub suszonych morwy
- 1 łyżeczka świeżo posiekanego imbiru
- 1 duża garść posiekanej sałaty rzymskiej
- 1 łyżka nasion konopi
- 1 szklanka niesłodzonej zaparzonej zielonej herbaty, ostudzonej
- 7 do 9 kostek lodu

INSTRUKCJE:
a) Umieść wszystkie składniki oprócz lodu w Vitamixie i miksuj, aż masa będzie gładka i kremowa.
b) Dodaj lód i przerób ponownie. Pij schłodzony.

MAK

65.Gofry Cytrynowo-Makowe

SKŁADNIKI:

- 2 filiżanki mąki uniwersalnej
- 2 łyżki polenty
- 2 łyżki cukru białego
- 2 łyżki maku
- ¾ łyżeczki sody oczyszczonej
- ¾ łyżeczki soli płatkowej
- 2 ½ szklanki maślanki
- 2 duże jajka
- 1 łyżka otartej skórki z cytryny
- 1 łyżeczka świeżego soku z cytryny
- 1 łyżeczka czystego ekstraktu waniliowego
- ⅔ szklanki oleju roślinnego

INSTRUKCJE:

a) Połącz wszystkie suche składniki w dużej misce do mieszania; ubić, aż dobrze się wymiesza. W dużej miarce lub oddzielnej misce wymieszaj pozostałe składniki i wymieszaj.
b) Dodaj płynne składniki do suchych i wymieszaj, aż masa będzie gładka.
c) Rozgrzej gofrownicę do żądanego ustawienia.
d) Wlać niewielką filiżankę ciasta przez górną część dziobka. Po usłyszeniu sygnału gofr jest gotowy. Ostrożnie otwórz gofrownicę i wyjmij upieczony gofr.
e) Zamknij gofrownicę i powtórz czynność z pozostałym ciastem.

66. Carbquik Białys

SKŁADNIKI:

- 1 ½ szklanki ciepłej wody o temperaturze od 105 do 115 stopni F
- 1 całe jajko roztrzepane z 2 łyżkami wody do mycia
- 1 łyżka soli koszernej do posypania
- 5 łyżek aktywnych suchych drożdży
- 2 łyżeczki cukru
- 5 ½ szklanki Carbquiku
- 2 ½ łyżeczki soli koszernej
- ½ szklanki suszonych płatków cebulowych
- 2 łyżki oleju roślinnego
- 1 ½ łyżki maku

INSTRUKCJE:

a) Rozgrzej piekarnik do 450°F.
b) W dużej misce wymieszaj ciepłą wodę, drożdże i cukier. Wymieszaj jedną szklankę Carbquik i sól. Dodać większość pozostałego Carbquiku i wymieszać drewnianą łyżką do uzyskania miękkiej masy. Jeśli używasz miksera, załóż końcówkę do wyrabiania ciasta i mieszaj przez 8 do 10 minut, dodając w razie potrzeby dodatkową porcję Carbquik , aby uzyskać zwarte, gładkie ciasto. Alternatywnie możesz zagnieść ciasto ręcznie.
c) Ciasto przykryj i odstaw na około 45 do 60 minut. Gdy ciasto odpoczywa, wyłóż 2 duże blachy do pieczenia papierem pergaminowym.
d) Suszoną cebulę włóż do miski i zalej gorącą wodą, pozwalając cebulom namoczyć się przez 15 minut. Cebulę dobrze odsącz, włóż do miski i dodaj olej oraz mak, jeśli używasz. Odłóż tę mieszaninę na bok.
e) Gdy ciasto odpocznie, ugniatamy je i dzielimy na dwie równe części. Następnie podziel każdą połówkę na sześć równych części. Porcje ciasta należy pozostawić na 10 minut, aby odpoczęły.
f) Każdą porcję ciasta rozwałkuj lub rozciągnij na 4-5-calowy owal lub okrąg, uważając, aby nie przerobić ciasta. Białki układamy na przygotowanych blachach do pieczenia, a palcami robimy pośrodku wgłębienia wielkości około pół dolara (nie przebijamy ciasta).

g) Lekko posmaruj zewnętrzny obwód każdego bialy jajkiem. Na każdą porcję nałóż około 2 łyżek przygotowanej polewy cebulowej i w razie potrzeby dodaj lekką szczyptę soli.
h) Przykryj bialys ściereczką oprószoną mąką i pozostaw do wyrośnięcia na 30 do 40 minut lub do momentu, aż staną się spuchnięte.
i) Piecz bialys, aż uzyskają złoty kolor, co powinno zająć około 25 do 30 minut. Jeśli zauważysz, że bialys zbyt szybko się rumieni, możesz zmniejszyć temperaturę piekarnika do 425 stopni F. Ciesz się świeżo upieczonym bialysem!

67. Babeczki cytrynowe Carbquik

SKŁADNIKI:

- 1 całe jajko
- 1 szklanka Carbquiku
- 2 łyżki Splendy (lub do smaku)
- 1 łyżeczka startej skórki z cytryny
- ¼ szklanki soku z cytryny
- ⅛ szklanki wody
- 1 łyżka oleju
- 1 łyżka maku (opcjonalnie)
- 1 łyżeczka proszku do pieczenia
- Szczypta soli

INSTRUKCJE:

a) Rozgrzej piekarnik: Rozgrzej piekarnik do 400°F (200°C). Umieść papierową foremkę do pieczenia w każdej z 6 foremek na muffinki o regularnej wielkości lub natłuść tylko spód foremek na muffinki.
b) Wymieszaj ciasto: W średniej wielkości misce lekko ubij jajko.
c) Następnie dodaj resztę Carbquik, Splenda, startą skórkę cytryny, sok z cytryny, wodę, olej, mak (jeśli używasz), proszek do pieczenia i szczyptę soli. Mieszaj, aż mieszanina zostanie zwilżona; nie przesadzaj.
d) Podzielić ciasto: Rozdzielić ciasto na muffiny równomiernie pomiędzy przygotowane papilotki.
e) Pieczenie: Piecz muffiny w nagrzanym piekarniku przez 15 do 20 minut lub do momentu, aż wierzch będzie złotobrązowy. Obserwuj je pod koniec pieczenia, aby uniknąć przegrzania.
f) Po upieczeniu wyjmij muffinki z piekarnika i pozostaw je do ostygnięcia w foremkach na muffinki przez kilka minut.
g) Przełożyć muffinki na metalową kratkę do całkowitego ostygnięcia.
h) Ciesz się domowymi babeczkami cytrynowymi Carbquik!

NASIONA GORCZYCY

68. Bureki

SKŁADNIKI:
- 500 g najwyższej jakości ciasta francuskiego maślanego
- 1 duże ubite jajko z wolnego wybiegu

NADZIENIE Z RICOTTY
- ¼ szklanki / 60 g twarogu
- ¼ szklanki / 60 g serka ricotta
- ⅔ szklanki / 90 szt. pokruszonego sera feta
- 2 łyżeczki / 10 g roztopionego niesolonego masła

NADZIENIE PECORINO
- 3½ łyżki / 50 g serka ricotta
- ⅔ szklanki / 70 g tartego dojrzewającego sera pecorino
- ⅓ szklanki / 50 g startego dojrzewającego sera Cheddar
- 1 por pokrojony w 5-centymetrowe segmenty, blanszowany do miękkości i drobno posiekany (w sumie ¾ szklanki / 80 g)
- 1 łyżka posiekanej natki pietruszki płaskolistnej
- ½ łyżeczki świeżo zmielonego czarnego pieprzu

POSIEW
- 1 łyżeczka nasion czarnuszki
- 1 łyżeczka nasion sezamu
- 1 łyżeczka nasion gorczycy żółtej
- 1 łyżeczka nasion kminku
- ½ łyżeczki płatków chili

INSTRUKCJE:

a) Ciasto rozwałkować na dwa kwadraty o średnicy 30 cm każdy i grubości 3 mm. Ułóż arkusze ciasta na wyłożonej pergaminem blasze do pieczenia – mogą układać się jeden na drugim, umieszczając pomiędzy nimi arkusz pergaminu – i pozostaw w lodówce na 1 godzinę.

b) Każdy zestaw składników nadzienia umieść w osobnej misce. Wymieszaj i odłóż na bok. Wszystkie nasiona wymieszaj w misce i odłóż na bok.

c) Pokrój każdy arkusz ciasta na kwadraty o boku 10 cm; powinieneś otrzymać w sumie 18 kwadratów. Podzielić pierwsze nadzienie równomiernie na połowę kwadratów, nakładając je łyżką na środek każdego kwadratu. Posmaruj jajkiem dwie sąsiednie krawędzie każdego kwadratu, a następnie złóż kwadrat na pół, tworząc trójkąt. Wypuść całe powietrze i mocno ściśnij boki. Chcesz bardzo dobrze docisnąć krawędzie, aby nie otworzyły się podczas gotowania. Powtórzyć z pozostałymi kwadratami ciasta i drugim nadzieniem. Ułożyć na blaszce wyłożonej pergaminem i wstawić do lodówki na co najmniej 15 minut, żeby stwardniało. Rozgrzej piekarnik do 220°C/425°F.

d) Posmaruj dwa krótkie brzegi każdego ciasta jajkiem i zanurz je w mieszance nasion; wystarczy niewielka ilość nasion o szerokości zaledwie ⅙ cala / 2 mm, ponieważ są one dość dominujące. Wierzch każdego ciasta posmaruj również odrobiną jajka, unikając nasion.

e) Upewnij się, że ciasta są rozmieszczone w odległości około 1¼ cala / 3 cm.

f) Piec przez 15 do 17 minut, aż całe ciasto będzie złociste. Podawać na ciepło lub w temperaturze pokojowej.

g) Jeśli podczas pieczenia część nadzienia wyleje się z ciastek, po prostu delikatnie włóż je z powrotem, gdy wystygną na tyle, że będzie można je unieść.

69.Chutney z rabarbaru

SKŁADNIKI:

- 1 funt rabarbaru
- 2 łyżeczki Grubo startego świeżego imbiru
- 2 ząbki czosnku
- 1 chili Jalapeno , (lub więcej) nasion i żyłek Wyjmij
- 1 łyżeczka papryki
- 1 łyżka nasion czarnej gorczycy
- ¼ szklanki porzeczek
- 1 szklanka jasnobrązowego cukru
- 1 ½ szklanki jasnego octu

INSTRUKCJE:

a) Rabarbar umyj i pokrój na kawałki o grubości centymetra. Jeśli łodygi są szerokie, najpierw przekrój je wzdłuż na połówki lub na trzy części.
b) Drobno posiekaj starty imbir z czosnkiem i chili .
c) Wszystkie składniki umieścić w niekorozyjnym naczyniu, doprowadzić do wrzenia, następnie zmniejszyć ogień i gotować na wolnym ogniu, aż rabarbar się rozpadnie i będzie miał konsystencję dżemu, około 30 minut.
d) Przechowywać w lodówce w szklanym słoju.

70.Marynowane Rzodkiewki

SKŁADNIKI:
- 1 pęczek rzodkiewek, obranych i pokrojonych w cienkie plasterki
- 1 szklanka białego octu
- ½ szklanki wody
- ¼ szklanki) cukru
- 1 łyżka soli
- 1 łyżeczka całych ziaren czarnego pieprzu
- 1 łyżeczka nasion gorczycy
- 1 łyżeczka nasion kopru

INSTRUKCJE:
a) W rondlu połącz ocet, wodę, cukier, sól, ziarna czarnego pieprzu, nasiona gorczycy i nasiona kopru.
b) Doprowadzić mieszaninę do wrzenia i mieszać, aż cukier i sól się rozpuszczą.
c) Pokrojone rzodkiewki włóż do wysterylizowanego słoika.
d) Wlać gorący płyn do marynowania na rzodkiewki, upewniając się, że są całkowicie zanurzone.
e) Pozwól marynowanym rzodkiewkom ostygnąć do temperatury pokojowej, następnie przykryj i przechowuj w lodówce przez co najmniej 24 godziny przed podaniem.

71. Musztarda Microgreen Dal Curry

SKŁADNIKI:
- ½ szklanki moong dal
- ¼ szklanki dyni
- 2 ½ szklanki wody
- Szczypta soli
- ½ szklanki wiórków kokosowych
- 6 szalotek
- 1 ząbek czosnku
- 1 zielone chili
- Liście curry
- ¼ łyżeczki kurkumy w proszku
- ¼ łyżeczki nasion kminku
- ½ szklanki musztardy mikrogreenów
- 1 łyżka oleju
- ¼ łyżeczki nasion gorczycy
- 2 czerwone chilli

INSTRUKCJE:
a) Połącz moong dal, dynie, sól i wodę w szybkowarze. Gotuj przez 1 gwizdek po dokładnym wymieszaniu wszystkiego.
b) W międzyczasie wymieszaj w blenderze wiórki kokosowe, szalotkę, czosnek, zielone chili, nasiona kminku, 3 lub 4 liście curry i kurkumę w proszku.
c) Wymieszaj zmieloną pastę z ugotowaną mieszanką dal.
d) Gotuj mieszaninę dal przez 2 do 3 minut. Teraz czas na dodanie mikrogreenów.
e) Doprowadzić do wrzenia przez 1 minutę, następnie zdjąć z ognia.
f) Na patelnię dodaj nasiona gorczycy i czerwone chilli.
g) Dodać szalotkę i smażyć kilka minut
h) Dodaj temperówkę do mieszanki dal.

72. Musztarda Prosecco

SKŁADNIKI:
- ¼ szklanki żółtych nasion gorczycy
- ¼ szklanki brązowych nasion gorczycy
- ½ szklanki Prosecco
- ¼ szklanki białego octu winnego
- 1 łyżka miodu
- ½ łyżeczki soli

INSTRUKCJE:
a) W misce wymieszaj żółte i brązowe nasiona gorczycy.
b) W osobnej misce wymieszaj Prosecco, ocet winny, miód i sól.
c) Wlać mieszaninę Prosecco na nasiona gorczycy i wymieszać do połączenia.
d) Pozostaw mieszaninę w temperaturze pokojowej na około 24 godziny, od czasu do czasu mieszając.
e) Przenieść mieszaninę do blendera lub robota kuchennego i miksować aż do uzyskania pożądanej konsystencji.
f) Musztardę Prosecco przechowuj w szczelnym pojemniku w lodówce.
g) Można go używać jako przyprawy do kanapek, burgerów lub jako sos do maczania precli i przekąsek.

73. Proso, Ryż I Granat

SKŁADNIKI:
- 2 szklanki cienkiego pohe
- 1 szklanka dmuchanej kaszy jaglanej lub ryżu
- 1 szklanka gęstej maślanki
- ½ szklanki kawałków granatu
- 5 - 6 liści curry
- ½ łyżeczki nasion gorczycy
- ½ łyżeczki nasion kminku
- ⅛ łyżeczki asafetydy
- 5 łyżek oleju
- Cukier do smaku
- Sól dla smaku
- Świeży lub suszony kokos - rozdrobniony
- Świeże liście kolendry

INSTRUKCJE:
a) Rozgrzej olej, a następnie dodaj nasiona gorczycy.
b) Dodaj nasiona kminku, asafetydę i liście curry, gdy wyskoczą.
c) Umieść pohe w misce.
d) Wymieszaj mieszankę przypraw olejowych, cukier i sól.
e) Kiedy pohe ostygnie, połącz go z jogurtem, kolendrą i kokosem.
f) Podawać udekorowane kolendrą i kokosem.

74. Chutney żurawinowo-figowy

SKŁADNIKI:
- 4 szklanki żurawiny, grubo posiekanej
- 1 jednocalowy korzeń imbiru, obrany i drobno posiekany
- 1 duża pomarańcza Navel, przekrojona na ćwiartki i drobno posiekana
- 1 mała cebula, pokrojona w drobną kostkę
- ½ szklanki suszonych porzeczek
- 5 Suszone figi, drobno pokrojone
- ½ szklanki orzechów włoskich, prażonych i grubo posiekanych
- 2 łyżki nasion gorczycy
- 2 łyżki octu jabłkowego
- ¾ szklanki Bourbona lub szkockiej whisky (opcjonalnie)
- 1 ½ szklanki jasnobrązowego cukru
- 2 łyżeczki mielonego cynamonu
- 1 łyżeczka mielonej gałki muszkatołowej
- ½ łyżeczki mielonych goździków
- ½ łyżeczki soli
- ⅛ łyżeczki pieprzu cayenne

INSTRUKCJE:
a) W rondlu o pojemności 4 litrów wymieszaj grubo posiekaną żurawinę, drobno posiekany imbir, drobno posiekaną pomarańczę z pępka, pokrojoną w kostkę cebulę, suszone porzeczki, pokrojone suszone figi, prażone i posiekane orzechy włoskie, nasiona gorczycy, posiekany imbir, ocet jabłkowy i whisky (jeśli za pomocą).
b) W małej misce dokładnie wymieszaj brązowy cukier, cynamon, gałkę muszkatołową, goździki, sól i pieprz cayenne.
c) Dodaj suche składniki z małej miski do rondla z pozostałymi składnikami. Mieszaj do połączenia wszystkiego.
d) Podgrzewaj mieszaninę aż do wrzenia.
e) Zmniejsz ogień i gotuj chutney przez 25-30 minut, często mieszając.
f) Po ugotowaniu odczekaj, aż chutney ostygnie, a następnie przechowuj go w lodówce do 2 tygodni. Alternatywnie można go zamrozić na okres do 1 roku.
g) Ciesz się pysznym żurawinowo-figowym chutneyem!

NASIONA KOPRU

75.Tres Ciasto Leches Z Nasiona kopru

SKŁADNIKI:
BISZKOPT:
- 1 ½ szklanki mąki uniwersalnej
- 1 łyżka proszku do pieczenia
- 1 łyżeczka cynamonu
- ½ łyżeczki nasion kopru włoskiego, uprażonych i zmielonych
- ½ łyżeczki nasion kolendry, uprażonych i zmielonych
- 6 białek
- 1 łyżeczka soli
- 1 ½ szklanki granulowanego cukru
- 3 żółtka
- 2½ łyżeczki ekstraktu waniliowego
- ½ szklanki mleka
- 6 łyżek mleka w proszku

MOCOWANIE TRES LECHES:
- 1 szklanka pełnego mleka
- 4 łyżki mleka w proszku, tostowego (zarezerwowane z przepisu na biszkopt)
- 12 uncji może skondensowanego mleka
- 14 uncji puszki skondensowanego mleka

MACEROWANE JAGODY:
- ½ szklanki wody
- ½ szklanki) cukru
- Liście kopru włoskiego z 1 cebulki, podzielone
- 18 uncji wybranych jagód, podzielonych na pół
- 1 łyżka soku z cytryny

BITA ŚMIETANA:
- 1 szklanka gęstej śmietanki
- ½ szklanki granulowanego cukru
- 2 łyżki maślanki
- Szczypta soli

INSTRUKCJE:
BISZKOPT:
a) Przyprawy prażyć w piekarniku nagrzanym na 325 stopni przez 8–10 minut, następnie zmielić za pomocą młynka do przypraw, moździerza i tłuczka lub blendera.
b) Rozgrzej piekarnik do 300 stopni.
c) Dodaj 6 łyżek mleka w proszku do żaroodpornej patelni i włóż do piekarnika. Mieszaj i obracaj co 5 minut, aż proszek nabierze koloru piasku.
d) Zwiększ temperaturę do 350 stopni.
e) Wyłóż tortownicę o wymiarach 9 na 13 cali papierem pergaminowym; dobrze nasmaruj pergamin sprayem lub olejem.
f) Do dużej miski przesiać mąkę, proszek do pieczenia, cynamon, koper włoski i kolendrę i wymieszać.
g) Do miski miksera włóż białka i sól i wymieszaj trzepaczką na średnich obrotach, aż do uzyskania piany. Kontynuuj ubijanie, aż masa będzie puszysta, a białka utrzymają miękkie szczyty.
h) Powoli wsyp granulowany cukier do działającego miksera i kontynuuj ubijanie, aż białka utworzą średnie szczyty.
i) Gdy mikser pracuje, dodawaj po jednym żółtku, a następnie wanilię, miksując aż do połączenia.
j) Wymieszaj 2 łyżki prażonego mleka w proszku z mlekiem. Resztę mleka w proszku odłóż na bok do późniejszego wykorzystania.
k) Wyjmij bezę z miksera i wymieszaj gumową szpatułką z połową suchej mieszanki.
l) Wlej połowę mieszanki mlecznej i kontynuuj składanie, obracając miskę i składając zgodnie z ruchem wskazówek zegara od środka do krawędzi.
m) Dodaj pozostałe suche składniki i kontynuuj składanie. Dodaj pozostałą mieszaninę mleka i mieszaj, aż składniki się połączą, uważając, aby nie wymieszać zbyt mocno.
n) Nałóż ciasto na przygotowaną formę i wygładź rogi szpatułką.
o) Piec przez 10–12 minut, obracając co 5 minut, aby zapewnić równomierne pieczenie.
p) Wyjąć z piekarnika, gdy ciasto równomiernie się zarumieni, a brzegi lekko odkleją od formy.

q) Pozostawić do ostygnięcia do temperatury pokojowej.

MOCOWANIE TRES LECHES:
r) Do blendera dodaj mleko, resztę prażonego mleka w proszku, mleko zagęszczone i mleko skondensowane. Mieszaj, aby włączyć.
s) Wylać na ciasto i wstawić namoczone ciasto do lodówki, aż będzie gotowe do podania.

MACEROWANE JAGODY:
t) W rondlu zagotuj wodę, następnie dodaj cukier. Mieszaj do połączenia.
u) Dodaj hojną garść jasnozielonych liści kopru włoskiego, zostawiając trochę do dekoracji. Zdejmij z ognia i poczekaj, aż syrop ostygnie do temperatury pokojowej.
v) Odcedzić syrop.
w) Około 30 minut przed podaniem zmaceruj połowę jagód w syropie i soku z cytryny. Pozostałe jagody zachowaj do dekoracji.

BITA ŚMIETANA:
x) W mikserze stacjonarnym z końcówką do ubijania dodaj ciężką śmietanę, cukier, maślankę i sól i mieszaj na średniej prędkości, aż utworzą się średnie szczyty.
y) Przechowywać w lodówce do momentu podania.

MONTAŻ:
z) Wytnij Tresa ciasto leche w plasterki. Posmaruj każdy plaster bitą śmietaną, a następnie udekoruj świeżymi jagodami, macerowanymi jagodami i liśćmi kopru włoskiego.

76. Wolno Pieczona Łopatka Jagnięca

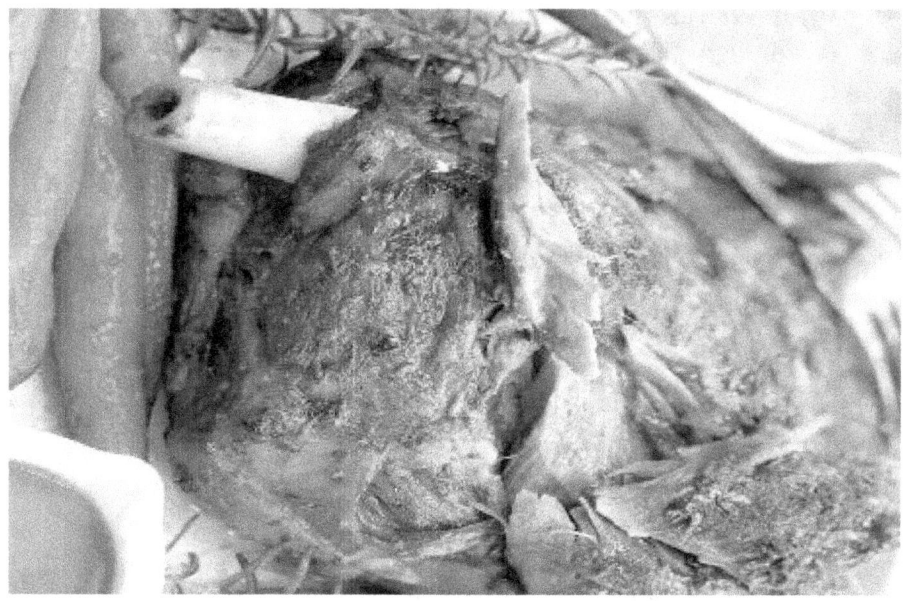

SKŁADNIKI:
- 2 łyżki nasion kopru włoskiego, zmielonych
- 1 łyżka czarnego pieprzu, zmielonego
- 6 tłustych ząbków czosnku, grubo posiekanych
- 1 łyżka oliwy z oliwek
- 1 łyżeczka płatków soli
- 5 funtów. Łopatka jagnięca z kością
- 2 duże cebule, pokrojone w plasterki
- 14 uncje Średnie marchewki, wyszorowane
- Sól i świeżo zmielony czarny pieprz

INSTRUKCJE:
a) Aby przygotować pastę, wymieszaj czosnek, oliwę z oliwek i sól w robocie kuchennym.
b) Umieść jagnięcinę w dużej brytfance i wykonaj na niej dziesiątki małych nacięć ostrym nożem.
c) Na jagnięcinę nałóż pastę z nasion kopru włoskiego i wmasuj ją tak mocno, jak to możliwe, wcierając ją w nacięcia.
d) Schłodzić przez kilka godzin.
e) Włóż do pieca opalanego drewnem na 2 godziny, aby się upiekła.
f) Rozłóż cebulę i całą marchewkę wokół jagnięciny, obracając ją, aby posmarować sokiem, i włóż ponownie do piekarnika na kolejną godzinę, po czym wszystko powinno być wyjątkowo miękkie.
g) Przełóż jagnięcinę na tacę i rozłóż wokół niej warzywa, polewając sosem z patelni.

77. Herbata z rumianku i kopru włoskiego

SKŁADNIKI:
- 1 łyżeczka kwiatów rumianku
- 1 łyżeczka nasion kopru włoskiego
- 1 łyżeczka wiązówki
- 1 łyżeczka korzenia prawoślazu, drobno posiekana
- 1 łyżeczka krwawnika

INSTRUKCJE:
a) Włóż zioła do imbryka.
b) Zagotuj wodę, dodaj do czajnika.
c) Pozostawić do zaparzenia na 5 minut i podawać.
d) Pić 1 kubek naparu 3 razy dziennie.

NASIONA KMINKU

78. Wieprzowe ciasto z wiejskiego domu

SKŁADNIKI:
- 2 Cebule, posiekane
- 2 marchewki, pokrojone w plasterki
- 1 główka kapusty, posiekana
- 3 szklanki wieprzowiny, gotowanej, pokrojonej w kostkę
- Sól dla smaku
- 1 ciasto na ciasto o średnicy 9 cali
- ¼ szklanki masła lub margaryny
- 2 Ziemniaki, pokrojone w kostkę
- 1 puszka bulionu z kurczaka (14 uncji)
- 1 łyżka aromatycznych Bittersów Angostura
- Biały pieprz do smaku
- 2 łyżeczki nasion kminku

INSTRUKCJE:
a) Cebulę podsmaż na maśle na złoty kolor.
b) Dodaj marchewkę, ziemniaki, kapustę, bulion, wieprzowinę i Bitters; przykryć i gotować, aż kapusta będzie miękka, około 30 minut.
c) Doprawić do smaku solą i białym pieprzem.
d) Przygotować ciasto, dodając kminek.
e) Rozwałkuj ciasto na lekko posypanej mąką stolnicy na grubość ⅛ cala; wytnij sześć 6-calowych kółek na sześć 5-calowych foremek na ciasto.
f) Rozdzielić nadzienie równomiernie pomiędzy foremki na ciasto; na wierzch ułóż skórkę, tak aby ciasto wystawało ½ cala ponad boki formy.
g) Wytnij krzyż na środku każdego ciasta; odciągnij wierzchołki ciasta, aby otworzyć wierzch ciasta.
h) Piec w nagrzanym piekarniku do 400'F. Piec 30 do 35 minut lub do czasu, aż skórka będzie brązowa, a nadzienie musujące.

79. kokosowa Supergreens i Spirulina

SKŁADNIKI:
- 1 łyżeczka nasion kopru włoskiego
- 1 łyżeczka nasion kminku
- 2 cale posiekanego imbiru
- 3 ząbki czosnku, posiekane
- 1 duża biała cebula, grubo posiekana
- 2 łodygi selera, grubo posiekane
- 1 główka brokułów
- 1 posiekana cukinia /cukinia
- 1 jabłko, obrane i posiekane
- 2 opakowania filiżanek szpinaku
- 3 szklanki bulionu warzywnego
- 1 łyżeczka soli morskiej
- 1 łyżeczka pieprzu
- 2 łyżeczki spiruliny
- 1 łyżka soku z limonki

INSTRUKCJE:
a) W dużym garnku rozgrzej 1 łyżkę oliwy z oliwek, dodaj kminek i nasiona kopru włoskiego i podgrzewaj, aż zaczną strzelać.
b) Dodaj cebulę na patelnię i smaż przez około 3 minuty lub do momentu, aż będzie przezroczysta.
c) Dodaj czosnek i imbir i kontynuuj smażenie przez 30 sekund, aby zaczęło pachnieć.
d) Dodaj seler i brokuły, wymieszaj wszystko, smaż przez 1 minutę, a następnie dodaj jabłko, cukinię, sól, pieprz i bulion warzywny.
e) Doprowadź bulion do wrzenia, a następnie zredukuj go do wrzenia. Gotuj na wolnym ogniu przez około 10 minut lub do momentu, aż warzywa będą miękkie.
f) Dodaj mleko kokosowe i ponownie zagotuj.
g) Dodaj szpinak, wymieszaj i smaż przez 1 minutę, aż zwiędnie i stanie się intensywnie zielony.
h) Zdjąć z ognia i wymieszać z sokiem z limonki i spiruliną.
i) Przełóż do blendera i ubijaj na najwyższych obrotach, aż masa będzie gładka! Posyp grzankami, prażoną ciecierzycą lub płatkami kokosowymi

80. Niemiecki Kiełbasa

SKŁADNIKI:

- 4 funty drobno mielonego tyłka wieprzowego
- 2 funty drobno mielonej cielęciny
- ½ łyżeczki zmielonego ziela angielskiego
- 1 łyżeczka nasion kminku
- 1 łyżeczka suszonego majeranku
- 1 ½ łyżeczki białego pieprzu
- 3 łyżeczki soli
- 1 szklanka zimnej wody

INSTRUKCJE:

a) Wszystkie składniki połączyć, dobrze wymieszać i ponownie przepuścić przez drobne ostrze młynka.

b) Włóż do osłonek wieprzowych.

81. Solone Kminkowe I Żytnie Krakersy

SKŁADNIKI:

- 1 szklanka zwykłej mąki
- 1 szklanka mąki żytniej
- 1 łyżeczka ciemnobrązowego cukru
- ½ łyżeczki proszku do pieczenia
- ½ łyżeczki drobnej soli
- ¼ szklanki masła , kostka d
- ½ szklanki mleka
- 1 jajko, ubite
- 2 łyżki kminku do smaku
- Płatki soli morskiej

INSTRUKCJE:

a) W misce wymieszaj obie mąki, cukier, proszek do pieczenia i sól.
b) Dodaj kostki masła i mieszaj, aż zostaną całkowicie wchłonięte przez mąkę;
c) Dodajemy mleko i mieszamy łyżką do uzyskania gładkiego ciasta. Zawiń w folię spożywczą i odstaw na 30 minut w temperaturze pokojowej.
d) Kiedy będziesz gotowy do pieczenia, lekko posyp mąką powierzchnię roboczą i blachę do pieczenia.
e) Rozwałkuj ciasto tak, aby jak najbardziej odpowiadało kształtowi blachy do pieczenia.
f) Nakłuj krakersy widelcem, a następnie natnij je głęboko.
g) W misce rozbić jajko i lekko roztrzepać z łyżką wody. Posmaruj całe ciasto, posyp kminkiem i dużą ilością płatków soli morskiej.
h) Włóż do piekarnika opalanego drewnem i piecz przez 20 minut w temperaturze około 350°F.
i) Gdy krakersy ostygną, złam je wzdłuż linii nacięć i podawaj.

NASIONA czarnuszki/nasiona czarnuszki

82.Tarta Bakłażanowa Z Kozim Serem

SKŁADNIKI:
- 2 funty bakłażana (około 3 małe bakłażany; 900 g)
- 4 łyżeczki soli koszernej, podzielone
- Mąka uniwersalna, do podsypywania
- 2 arkusze mrożonego ciasta francuskiego (1 pełne opakowanie), rozmrożone
- 4 łyżki oliwy z oliwek z pierwszego tłoczenia (2 uncje; 60 g)
- Świeżo zmielony czarny pieprz
- ½ szklanki świeżego koziego sera (4 uncje; 112 g)
- 2 szklanki posiekanej goudy (6 uncji; 168 g)
- 2 łyżeczki nasion czarnuszki
- 4 łyżki miodu (2 uncje; 60 g), podzielone
- Świeże zioła, takie jak szczypiorek lub bazylia, do dekoracji (opcjonalnie)

INSTRUKCJE:

a) Używając ostrego noża szefa kuchni lub mandoliny, pokrój bakłażana w plastry o grubości ¼ cala.

b) Wymieszaj plastry z 1 łyżką stołową (12 g) soli koszernej i odłóż je na durszlak umieszczony nad miską lub zlewem. Pozwól im odcieknąć przez co najmniej 30 minut.

c) Ustaw dwie półki w piekarniku w górnej i dolnej środkowej pozycji. Rozgrzej piekarnik do 400°F (200°C).

d) Wyłóż trzy otoczone półarkuszami tace papierem pergaminowym. Wytnij także dodatkowy arkusz pergaminu i odłóż go na bok.

e) Na lekko posypanej mąką powierzchni ułóż rozmrożone arkusze ciasta francuskiego jeden na drugim.

f) Rozwałkuj ciasto, aż będzie wystarczająco duże, aby zmieściło się w blasze składającej się z połowy arkusza, około 11 na 15 cali. Użyj wystarczającej ilości mąki, aby zapobiec sklejaniu się.

g) Ciasto rozwałkuj na wałek do ciasta, aby je przenieść, a następnie rozwiń je na wyłożoną pergaminem blachę do pieczenia. Połóż dodatkowy arkusz pergaminu na wierzchu.

h) W tym czasie bakłażan wypuściłby nadmiar płynu. Opłucz plastry bakłażana pod zimną wodą, aby usunąć pozostałą sól i osusz je czystym ręcznikiem kuchennym lub ręcznikiem papierowym. Ułóż plastry bakłażana na dwóch pozostałych wyłożonych papierem blachach do pieczenia. Dopraw je oliwą z oliwek z pierwszego tłoczenia, czarnym pieprzem i pozostałą solą koszerną.

i) Połóż jedną z blach do pieczenia bakłażanów na wierzchu ciasta francuskiego, aby obciążyć je podczas pieczenia. Piec wszystkie trzy blachy w nagrzanym piekarniku przez około 20 minut, obracając blachy raz po 10 minutach. W tym czasie bakłażan stanie się miękki, a ciasto stwardnieje, ale nie powinno zmienić koloru.

ZMONTOWAĆ TARTĘ:

j) Po pierwszym pieczeniu wyjąć blachy z piekarnika. Zwiększ temperaturę piekarnika do 500°F (260°C). Za pomocą przesuniętej szpatułki równomiernie rozprowadź kozi ser na cieście francuskim. Posyp kozim serem posiekane nasiona goudy i czarnuszki.

k) Ułóż częściowo ugotowane plastry bakłażana tak, aby przykryły tartę. Skrop równomiernie bakłażana 2 łyżkami (30 g) miodu.

l) Włóż tartę z powrotem do piekarnika i piecz przez kolejne 15 minut lub do momentu, aż ciasto będzie głęboko rumiane i chrupiące.

m) Wykończ tartę, polewając ją pozostałym miodem. Opcjonalnie udekoruj świeżymi ziołami, takimi jak szczypiorek lub bazylia. Pokrój tartę na żądaną wielkość porcji i natychmiast podawaj.

n) Ciesz się tą pyszną tartą z bakłażana z kozim serem i miodem jako wyśmienitą przystawkę lub danie główne.

83.Scones z Kurczaka

SKŁADNIKI:
NA SCONES:
- 225 g mąki samorosnącej plus dodatkowa ilość do podsypania
- 1 łyżeczka proszku do pieczenia
- 140 g zimnego masła, pokrojonego na małe kawałki
- 150ml mleka
- 1 łyżka nasion czarnuszki
- 1 jajko, ubite

DO WYPEŁNIENIA:
- 3 ugotowane piersi z kurczaka, drobno posiekane lub rozdrobnione
- 100 g chutneyu z mango
- 2 łyżeczki łagodnego curry w proszku
- Jogurt naturalny 150g
- 75 g majonezu
- Mały pęczek kolendry, posiekany
- Mały pęczek mięty, posiekanej
- Sok z ½ cytryny
- ½ ogórka obranego we wstążki
- 1 mała czerwona cebula, pokrojona w cienkie plasterki

INSTRUKCJE:
NA SCONES:
a) Blachę do pieczenia wyłóż pergaminem i rozgrzej piekarnik do 220°C/200°C z termoobiegiem/gaz 7.
b) W dużej misce wymieszaj samorosnącą mąkę, proszek do pieczenia i ¼ łyżeczki soli. Dodajemy zimne, posiekane masło i rozcieramy je opuszkami palców z mąką, aż masa będzie przypominać drobną bułkę tartą.
c) Dodaj mleko i nasiona czarnuszki, a następnie za pomocą noża wymieszaj składniki, aż powstanie miękkie ciasto.
d) Wyłóż ciasto na powierzchnię roboczą i krótko ugniataj, aby pozbyć się luźnych okruszków. Powierzchnię dobrze oprósz mąką i rozwałkuj ciasto na grubość około 1½ cm. Za pomocą foremki do ciastek o średnicy 7 cm wytnij 12 kółek. Może być konieczne

połączenie skrawków i ponowne zwinięcie, aby uzyskać wszystkie 12 bułeczek.

e) Ułóż bułeczki na blasze do pieczenia, posmaruj wierzch odrobiną roztrzepanego jajka i piecz przez 10-12 minut lub do momentu, aż będą złotobrązowe. Odstaw je do ostygnięcia na czas przygotowywania nadzienia.

DO WYPEŁNIENIA:

f) W misce wymieszaj posiekanego lub rozdrobnionego kurczaka, chutney z mango, łagodne curry w proszku, jogurt naturalny, majonez, posiekane zioła, sok z cytryny i dopraw do smaku. Schłodź tę mieszaninę, aż będziesz gotowy do złożenia bułeczek.

ZŁOŻYĆ:

g) Przed podaniem podziel bułeczki i ułóż kanapki z kurczakiem koronacyjnym, wstążkami ogórka i cienko pokrojoną czerwoną cebulą.

h) W razie potrzeby użyj wykałaczek do sklejenia bułeczek.

84. Tikura Mieszanka przypraw Azmud (mieszanka czarnego kminku)

SKŁADNIKI:
- 2 łyżki nasion czarnuszki (Tikur Azmud)
- 1 łyżka nasion kolendry
- ½ łyżeczki nasion kardamonu
- ½ łyżeczki nasion kozieradki
- ½ łyżeczki nasion gorczycy
- ½ łyżeczki nasion czarnuszki (kalonji)
- ½ łyżeczki mielonego cynamonu
- ½ łyżeczki mielonych goździków
- ½ łyżeczki zmielonego ziela angielskiego

INSTRUKCJE:
a) Na suchej patelni lekko praż nasiona kminku, nasiona kolendry, nasiona kardamonu, nasiona kozieradki, nasiona gorczycy i nasiona czarnuszki, aż zaczną wydzielać zapach. Uważaj, aby ich nie spalić.
b) Pozostaw prażone nasiona do ostygnięcia, a następnie zmiel je na drobny proszek za pomocą młynka do przypraw lub moździerza i tłuczka.
c) W misce wymieszaj zmieloną mieszankę przypraw z mielonym cynamonem, goździkami i ziele angielskie.
d) Przechowuj Tikura Mieszanka przypraw Azmud w szczelnym pojemniku, w chłodnym, ciemnym miejscu.

85.Zielone curry z kurczakiem Matcha i limonką

SKŁADNIKI:

- 2 łyżki kolendry, nasion plus 1 duży pęczek, posiekanej
- 1 łyżka kminku, nasiona
- 1 ½ łyżeczki, zielona herbata
- 1 szczypta świeżo startej gałki muszkatołowej
- 6 posiekanych ząbków czosnku
- 5 szalotek, posiekanych
- 8 Papryczka chili, zielona, pozbawiona nasion i posiekana
- 125 g galangalu, posiekanego
- 2 Łodygi trawy cytrynowej, usuń zewnętrzne liście, posiekaj wewnętrzne łodygi
- 4 posiekane liście limonki Kaffir
- 2 łyżki pasty krewetkowej
- 1Limonka, wyciśnięta sok
- 4 łyżki oleju z orzeszków ziemnych
- 2 piersi z kurczaka bez skóry, pokrojone w plasterki
- 400 ml bulionu z kurczaka
- 400 ml mleka kokosowego
- 250 g Mangetout, z grubsza pokrojonego
- 4 małe Bok Choy, grubo posiekane
- Sól
- Czarny pieprz, świeżo mielony
- Gałązki kolendry
- 2 limonki, pokrojone w ósemki
- 1 łyżka stołowa zmielonych ziaren czarnego pieprzu

INSTRUKCJE:

a) Jak zrobić pikantne zielone curry z kurczaka matcha z limonką
b) Prażymy nasiona kolendry i kminku na suchej patelni ustawionej na średnim ogniu, aż zaczną nabierać aromatu.
c) Wsyp do młynka do przypraw, dodaj proszek matcha i zmiksuj, aż masa będzie drobnoziarnista i pudrowa.
d) Włóż go do blendera lub robota kuchennego.
e) Dodaj gałkę muszkatołową, czosnek, szalotkę, kolendrę, chilli, galangal, trawę cytrynową, kaffir, liście limonki, pastę krewetkową i sok z limonki.

f) Mieszaj na wysokich obrotach, aż masa będzie gładka i przypomina pastę.
g) Rozgrzej 2 łyżki oleju w dużym woku ustawionym na umiarkowanym ogniu.
h) Dopraw kurczaka solą i pieprzem przed dodaniem do woka i smaż mieszając na złoty kolor, około 3-4 minuty.
i) Przełożyć na talerz.
j) Dodaj pozostały olej, a następnie pastę, smaż często, aż zacznie ciemnieć, około 4-5 minut.
k) Dolać bulion i mleko kokosowe i doprowadzić do wrzenia.
l) Umieść kurczaka w sosie, częściowo przykryj pokrywką i gotuj na małym ogniu, aż będzie ugotowany przez około 6-8 minut.
m) Dodaj mangetout i pak choi do curry i gotuj przez kolejne 3-4 minuty, aż będą miękkie.
n) Curry dopraw solą i pieprzem do smaku.
o) Podawaj zielone curry z kurczaka matcha z woka z dodatkiem gałązek kolendry, kawałkami limonki i posypką zmielonych ziaren czarnego pieprzu.

NASIONA PAPAJI

86.Salsa z nasion papai

SKŁADNIKI:
- 1 szklanka pokrojonej w kostkę dojrzałej papai
- 2 łyżki posiekanej czerwonej cebuli
- 1 papryczka jalapeño, pozbawiona nasion i posiekana
- 2 łyżki posiekanej świeżej kolendry
- Sok z 1 limonki
- Sól dla smaku
- 1 łyżka nasion papai

INSTRUKCJE:
a) W misce wymieszaj pokrojoną w kostkę papaję, posiekaną czerwoną cebulę, posiekaną papryczkę jalapeño, posiekaną kolendrę i sok z limonki.
b) Dodaj nasiona papai i dobrze wymieszaj.
c) Dopraw solą do smaku.
d) Salsę odstawiamy na co najmniej 15 minut, aby smaki się przegryzły.
e) Podawać z chipsami tortilla, grillowaną rybą lub tacos.

87.Koktajl z nasionami papai

SKŁADNIKI:
- 1 dojrzały banan
- 1 szklanka pokrojonej w kostkę papai
- 1/2 szklanki kawałków ananasa
- 1/2 szklanki liści szpinaku
- 1/2 szklanki wody kokosowej lub mleka migdałowego
- 1 łyżka nasion papai
- Miód lub syrop klonowy (opcjonalnie, dla osłody)

INSTRUKCJE:
a) W blenderze wymieszaj dojrzałego banana, pokrojoną w kostkę papaję, kawałki ananasa, liście szpinaku, wodę kokosową lub mleko migdałowe i nasiona papai.
b) Mieszaj, aż masa będzie gładka i kremowa.
c) Spróbuj i w razie potrzeby dodaj miód lub syrop klonowy, aby uzyskać dodatkową słodycz.
d) Rozlej do szklanek i ciesz się od razu jako orzeźwiający i pożywny smoothie.

88. Sos z nasion papai

SKŁADNIKI:
- ¼ szklanki nasion papai
- ¼ szklanki oliwy z oliwek
- 2 łyżki białego octu winnego
- 1 łyżka miodu
- 1 łyżeczka musztardy Dijon
- Sól i pieprz do smaku

INSTRUKCJE:
a) W blenderze lub robocie kuchennym połącz nasiona papai, oliwę z oliwek, ocet z białego wina, miód, musztardę Dijon, sól i pieprz.
b) Mieszaj, aż sos będzie gładki, a nasiona papai dobrze się połączą.
c) Posmakuj i w razie potrzeby dopraw do smaku.
d) Przełóż dressing z nasion papai do butelki lub słoika z dobrze dopasowaną pokrywką.
e) Dobrze wstrząsnąć przed użyciem.
f) Sosem polej sałatki lub użyj go jako marynaty do grillowanych mięs lub warzyw.

NASIONA MIESZANE

89. Thandai Tres Leches

SKŁADNIKI:
DLA PROSZKU THANDAI:
- 2 łyżki migdałów
- 1 łyżka orzechów nerkowca
- ¼ łyżeczki czarnego pieprzu
- ½ łyżki nasion kopru włoskiego
- ½ łyżki maku
- ½ łyżki nasion melona
- 8-10 strąków kardamonu
- ½ łyżki suszonych płatków róż
- 8-10 nitek szafranu

DO GĄBKI:
- 1 + ½ szklanki mąki uniwersalnej
- 1 łyżeczka proszku do pieczenia
- 1 szklanka jogurtu
- ½ łyżeczki sody oczyszczonej
- ¾ szklanki cukru pudru
- ½ szklanki oleju roślinnego
- 1 łyżeczka ekstraktu waniliowego
- 2 łyżki proszku thandai

DO MLEKA MLECZNEGO:
- 1 ½ szklanki mleka
- ½ szklanki skondensowanego mleka
- ¾ szklanki śmietany do ubijania
- 7-8 nitek szafranu
- 2 łyżki syropu thandai

DO PRZYBRANIA:
- Bita śmietana
- Szafran
- Złoty Liść
- Suszone płatki róż

INSTRUKCJE:
PROSZEK TANDAI:
a) W robocie kuchennym wymieszaj migdały, orzechy nerkowca, ziarna czarnego pieprzu, nasiona kopru włoskiego, nasiona maku, nasiona melona, strąki kardamonu, suszone płatki róż i pasma szafranu. Zmiksuj na drobny proszek. Odłożyć na bok.
b) Rozgrzej piekarnik do 180°C. Wyłóż 9-calową kwadratową patelnię papierem pergaminowym po obu stronach.

PRZYGOTUJ GĄBKĘ:
c) W misce wymieszaj jogurt i posyp go sodą oczyszczoną. Niech się pieni .
d) Do tej samej miski dodaj cukier puder i dobrze wymieszaj.
e) Nad miską umieść sito, dodaj mąkę uniwersalną i proszek do pieczenia. Dobrze wymieszaj.
f) Do ciasta dodaj ekstrakt waniliowy i proszek thandai . Mieszaj, aż dobrze się połączą.
g) Wlać ciasto do przygotowanej formy i piec w temperaturze 180°C przez 20-25 minut lub do momentu, aż włożony patyczek będzie suchy.

MLECZNA MIESZANKA:
h) Do miarki lub zlewki wlać ciepłe mleko.
i) Dodać nitki szafranu, śmietankę do ubijania, mleko skondensowane i syrop thandai . Dobrze wymieszaj.

Namoczyć ciasto:
j) upieczeniu ciasto nakłuwamy je widelcem.
k) Wlać mieszaninę mleka w trzech porcjach, pozwalając jej odpowiednio nasiąknąć pomiędzy przerwami. Przechyl patelnię, aby zapewnić prawidłowe wchłanianie.
l) Zachowaj trochę mieszanki mlecznej do podania.
m) Przechowywać w lodówce przez 8 godzin lub przez noc.
n) Przed podaniem wyciśnij na powierzchnię bitą śmietanę.
o) Udekoruj bitą śmietaną, suszonymi płatkami róż, nitkami szafranu i listkiem złota.
p) Ciasto pokroić w kwadraty i ułożyć na talerzu.
q) Podczas serwowania polej ciasto pozostałą mieszanką mleka.
r) Cieszyć się!

90.Marynowane Rzodkiewki

SKŁADNIKI:
- 1 pęczek rzodkiewek, obranych i pokrojonych w cienkie plasterki
- 1 szklanka białego octu
- ½ szklanki wody
- ¼ szklanki) cukru
- 1 łyżka soli
- 1 łyżeczka całych ziaren czarnego pieprzu
- 1 łyżeczka nasion gorczycy
- 1 łyżeczka nasion kopru

INSTRUKCJE:
f) W rondlu połącz ocet, wodę, cukier, sól, ziarna czarnego pieprzu, nasiona gorczycy i nasiona kopru.
g) Doprowadzić mieszaninę do wrzenia i mieszać, aż cukier i sól się rozpuszczą.
h) Pokrojone rzodkiewki włóż do wysterylizowanego słoika.
i) Wlać gorący płyn do marynowania na rzodkiewki, upewniając się, że są całkowicie zanurzone.
j) Pozwól marynowanym rzodkiewkom ostygnąć do temperatury pokojowej, następnie przykryj i przechowuj w lodówce przez co najmniej 24 godziny przed podaniem.

91. Curry Dyniowe Z Pikantnymi Nasionami

SKŁADNIKI:

- 3 szklanki dyni – pokrojonej na 1-2 cm kawałki
- 2 łyżki oleju
- ½ łyżki nasion gorczycy
- ½ łyżki nasion kminku
- Uszczypnij asafetydę
- 5-6 liści curry
- ¼ łyżki nasion kozieradki
- ¼ łyżki nasion kopru włoskiego
- ½ łyżki startego imbiru
- 1 łyżka pasty z tamaryndowca
- 2 łyżki – suszonego, zmielonego kokosa
- 2 łyżki prażonych, mielonych orzeszków ziemnych
- Sól i brązowy cukier lub jaggery do smaku
- Świeże liście kolendry

INSTRUKCJE:

a) Rozgrzej olej i dodaj nasiona gorczycy. Gdy wyskoczą, dodaj kminek, kozieradkę, asafetydę, imbir, liście curry i koper włoski. Gotuj przez 30 sekund.

b) Dodaj dynię i sól. Dodać pastę tamaryndową lub wodę z miąższem w środku. Dodaj cukier trzcinowy lub brązowy. Dodaj zmielony kokos i proszek orzechowy. Gotuj jeszcze kilka minut. Dodaj świeżo posiekaną kolendrę.

92.Sałatka Z Kapusty I Granatu

SKŁADNIKI:
- 1 szklanka kapusty – startej
- ½ granatu, usuń nasiona
- ¼ łyżki nasion gorczycy
- ¼ łyżki nasion kminku
- 4-5 liści curry
- Uszczypnij asafetydę
- 1 łyżka oleju
- Sól i cukier do smaku
- Sok z cytryny do smaku
- Świeże liście kolendry

INSTRUKCJE:
a) Połącz granat i kapustę.
b) Na patelni z olejem rozgrzej nasiona gorczycy.
c) Na patelnię dodaj nasiona kminku, liście curry i asafetydę .
d) Mieszankę przypraw połączyć z kapustą.
e) Dodać cukier, sól i sok z cytryny i dokładnie wymieszać. Podawać udekorowane kolendrą.

93.Sałatka Z Marchew I Granatów

SKŁADNIKI:
- 2 marchewki – starte
- ½ granatu, usuń nasiona
- ¼ łyżki nasion gorczycy
- ¼ łyżki nasion kminku
- 4-5 liści curry
- Uszczypnij asafetydę
- 1 łyżka oleju
- Sól i cukier do smaku
- Sok z cytryny – do smaku
- Świeże liście kolendry

INSTRUKCJE:
a) Połącz granat i marchewkę.
b) Na patelni z olejem rozgrzej nasiona gorczycy.
c) Dodaj nasiona kminku, liście curry i asafetydę.
d) Połącz mieszankę przypraw z marchewką.
e) Dodać cukier, sól i sok z cytryny.
f) Podawać udekorowane kolendrą.

94. Przyprawa do herbaty masala

SKŁADNIKI:
- 1 laska cynamonu
- 5-6 całych goździków
- 5-6 całych strąków kardamonu
- 1-calowy kawałek świeżego imbiru, starty
- 1 łyżeczka ziaren czarnego pieprzu
- 1 łyżeczka nasion kopru włoskiego
- 1 łyżeczka nasion kolendry
- 1 łyżeczka nasion kminku

INSTRUKCJE:
a) Na patelni upraż na sucho laskę cynamonu, goździki, strąki kardamonu, ziarna czarnego pieprzu, nasiona kopru włoskiego, nasiona kolendry i nasiona kminku na małym ogniu, aż zaczną wydzielać zapach.
b) Zdejmij z ognia i poczekaj, aż przyprawy ostygną.
c) Zmiel prażone przyprawy w młynku do przypraw lub moździerzu i tłuczku, aż będą drobne.
d) Przechowuj kenijską herbatę Masala w szczelnym pojemniku.
e) Aby użyć, dodaj szczyptę lub dwie herbaty masala do herbaty podczas zaparzania, aby uzyskać pachnący i pikantny smak.

95. Przyprawiona ciecierzyca chilli

SKŁADNIKI:
- 3 filiżanki gotowana ciecierzyca
- 1 łyżka oliwy z oliwek
- 2 łyżeczki nasion kminku
- 2 łyżeczki nasion czarnuszki
- 2 łyżeczki płatków chili , do smaku
- Płatki soli morskiej

INSTRUKCJE:
a) Na małą blachę do pieczenia włóż odsączoną i umytą ciecierzycę w jednej warstwie.
b) Skropić oliwą i posypać kminkiem, czarnuszką i płatkami chili. Aby połączyć, dodaj dużą szczyptę płatków soli morskiej.
c) Włóż patelnię do rozgrzanego pieca opalanego drewnem i piecz ciecierzycę przez około 30 minut, potrząsając foremką od czasu do czasu, aby wymieszać, aby równomiernie się upiekły.
d) Powinny być chrupiące i mieć bogaty złotobrązowy kolor. Przed przeniesieniem do miski poczekaj, aż lekko ostygnie.

96. Krakersy Żurawinowe I Orzechowe

SKŁADNIKI:

- 1 szklanka mąki uniwersalnej
- 2 łyżki brązowego cukru
- ¾ szklanki pokrojonej w kostkę żurawiny
- ½ szklanki orzechów pekan
- ½ szklanki pestek dyni
- 2 łyżeczki nasion chia
- 2 łyżeczki nasion sezamu
- 1 łyżeczka drobno posiekanego świeżego rozmarynu
- ½ łyżeczki skórki pomarańczowej
- 1 łyżeczka sody oczyszczonej
- ½ łyżeczki soli
- 1 szklanka mleka
- Sól gruboziarnista (do posypania)

INSTRUKCJE:

a) Rozgrzej piekarnik do 180°C (350°F).
b) W dużej misce wymieszaj wszystkie składniki oprócz mleka. Gdy wszystko się połączy, dodajemy mleko i wyrabiamy ciasto.
c) Nasmaruj foremki na mini bochenek sprayem do gotowania i napełnij je ciastem, wypełniając każdą formę do około dwóch trzecich wysokości.
d) Piec przez 25-40 minut lub do momentu, aż krakersy staną się twarde. Dokładny czas pieczenia może się różnić w zależności od wielkości foremek. Pieczenie moich mini keksówek zajęło około 30 minut.
e) Upieczone bochenki pozostawić do ostygnięcia na 10-15 minut, następnie włożyć je do zamrażarki na 30-60 minut. Alternatywnie możesz pozwolić im ostygnąć w temperaturze pokojowej, chociaż może to zająć kilka godzin.
f) Gdy bochenki całkowicie ostygną , rozgrzej piekarnik do 160°C i ostrożnie wyjmij upieczone bochenki z foremek.
g) Za pomocą ostrego, ząbkowanego noża pokrój każdy bochenek na cienkie plasterki o grubości około ⅛.
h) Połóż pokrojone krakersy na drucianej kratce ustawionej na wyłożonej blachą blasze i posyp lub zmiel grubą solą na wierzchu.
i) Piec 25-30 minut.
j) Pozwól krakersom ostygnąć; będą nadal chrupiące po ochłodzeniu.

97.Godiva I Migdałowa Kora Czekoladowa

SKŁADNIKI:

- 8 uncji ciemnej czekolady Godiva, drobno posiekanej
- ½ szklanki prażonych migdałów, grubo posiekanych
- ¼ szklanki mieszanych nasion (np. pestek dyni, nasion słonecznika, nasion chia)
- Szczypta soli morskiej w płatkach (opcjonalnie, do dekoracji)

INSTRUKCJE:

a) Blachę do pieczenia wyłóż papierem do pieczenia lub matą silikonową . Upewnij się, że mieści się w Twojej lodówce lub zamrażarce.

b) Umieść drobno posiekaną gorzką czekoladę Godiva (lub kawałki ciemnej czekolady) w misce nadającej się do kuchenki mikrofalowej. Podgrzewaj w kuchence mikrofalowej w odstępach 20-30 sekund, za każdym razem mieszając, aż czekolada całkowicie się rozpuści i będzie gładka. Alternatywnie możesz roztopić czekoladę za pomocą podwójnego bojlera na płycie kuchennej.

c) Na przygotowaną blachę wylać roztopioną gorzką czekoladę. Użyj szpatułki lub grzbietu łyżki, aby równomiernie rozprowadzić go w kształcie prostokąta lub kwadratu o grubości około ¼ do ½ cala.

d) Posyp równomiernie posiekanymi, prażonymi migdałami i wymieszanymi nasionami roztopioną czekoladę, gdy jest jeszcze miękka. Delikatnie wciśnij je w czekoladę, tak aby przylegały.

e) Jeśli chcesz, posyp wierzch kory czekolady szczyptą płatkowej soli morskiej. Stanowi to wspaniały kontrast dla słodyczy czekolady.

f) Włóż blachę do pieczenia do lodówki lub zamrażarki, aby kora czekolady stwardniała. Zajmie to około 30 minut do 1 godziny w lodówce lub około 15-30 minut w zamrażarce.

g) Gdy kora czekolady całkowicie stwardnieje i stwardnieje, wyjmij ją z lodówki lub zamrażarki.

h) Użyj rąk lub noża, aby połamać go na nieregularne kawałki lub odłamki.

98. Miski do squasha Goji

SKŁADNIKI:

- 2 średnie dynie żołędziowe
- 4 łyżeczki oleju kokosowego
- 1 łyżka syropu klonowego lub brązowego cukru
- 1 łyżeczka garam masali
- Drobnomielona sól morska
- 2 szklanki zwykłego jogurtu greckiego
- Granola
- jagody goji
- Osłonki granatu
- Posiekane orzechy pekan
- Prażone pestki dyni
- Masło orzechowe
- Nasiona konopii

INSTRUKCJE:

a) Rozgrzej piekarnik do 375°F.
b) Dynię przekrój na pół od łodygi do dołu. Wydrążyć i wyrzucić nasiona. Miąższ każdej połówki posmaruj oliwą i syropem klonowym, a następnie posyp garam masala i szczyptą soli morskiej. Połóż dynię na wyłożonej brzegiem blasze do pieczenia, przecięciem do dołu. Piec do miękkości, 35 do 40 minut.
c) Odwróć dynię i lekko ostudź.
d) Przed podaniem napełnij każdą połówkę dyni jogurtem i granolą. Udekoruj jagodami goji, osłonkami granatu, orzechami pekan i pestkami dyni, skrop masłem orzechowym i posyp nasionami konopi.

99. Miska jogurtowa Superfood

SKŁADNIKI:
- 1 szklanka jogurtu greckiego
- 1 łyżeczka kakao w proszku
- ½ łyżeczki wanilii
- Nasiona granatu
- Nasiona konopii
- nasiona Chia
- jagody goji
- Jagody

INSTRUKCJE:
a) Połącz wszystkie składniki w misce.

100. Miseczki z papają i kiwi

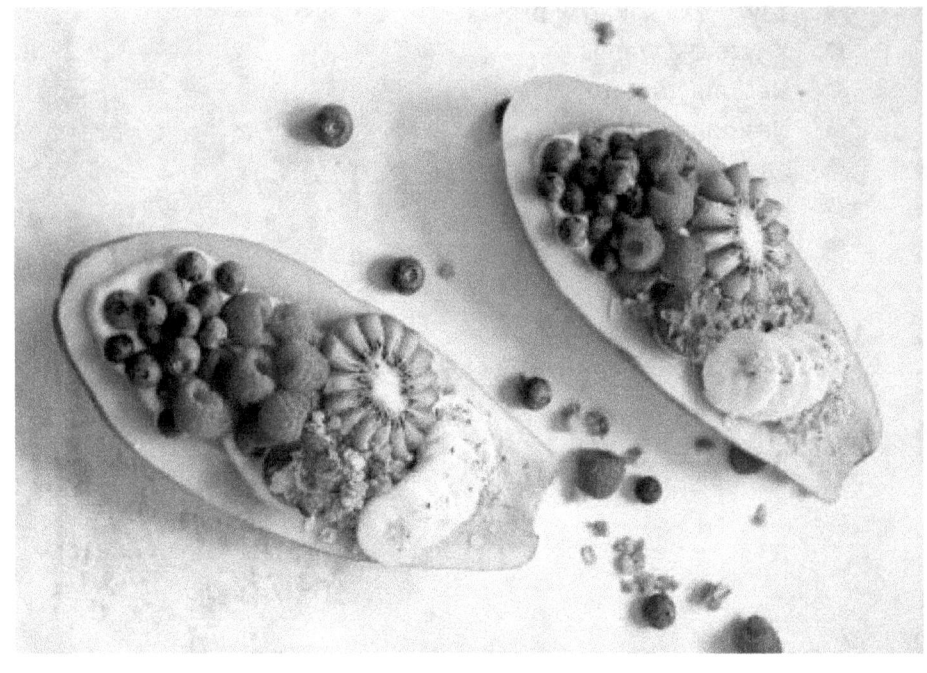

SKŁADNIKI:

- 4 łyżki amarantusa, podzielone
- 2 małe dojrzałe papaje
- 2 szklanki jogurtu kokosowego
- 2 kiwi, obrane i pokrojone w kostkę
- 1 duży różowy grejpfrut, obrany i podzielony na segmenty
- 1 duża pomarańcza pępkowa, obrana i podzielona na segmenty
- Nasiona konopii
- Czarny sezam

INSTRUKCJE:

a) Podgrzewaj wysoki, szeroki rondel na średnim ogniu przez kilka minut.
b) Sprawdź, czy patelnia jest wystarczająco gorąca, dodając kilka ziarenek amarantusa.
c) Powinny drżeć i pękać w ciągu kilku sekund. Jeśli nie, podgrzej patelnię jeszcze przez minutę i spróbuj ponownie. Gdy patelnia będzie wystarczająco gorąca, dodaj 1 łyżkę amarantusa.
d) Ziarna powinny zacząć pękać w ciągu kilku sekund.
e) Garnek przykrywamy i od czasu do czasu potrząsamy, aż wszystkie ziarenka wyskoczą. Wlać zmielony amarantus do miski i powtórzyć tę czynność z pozostałym amarantusem, po 1 łyżce na raz.
f) Papaje przekrój wzdłuż na pół, od łodygi do ogona, następnie usuń nasiona i usuń je. Każdą połówkę napełnij prażonym amarantusem i jogurtem kokosowym.
g) Na wierzchu ułóż kawałki kiwi, grejpfruta i pomarańczy, posyp nasionami konopi i sezamu.

WNIOSEK

Żegnając się z „NAJLEPSZE NASIONA KSIĄŻKA KUCHARSKA", robimy to z sercami pełnymi wdzięczności za delektowane smaki, utworzone wspomnienia i kulinarne przygody przeżyte po drodze. W 100 przepisach, które celebrują różnorodność i wszechstronność nasion, zbadaliśmy niesamowity potencjał tych maleńkich, ale potężnych składników, odkrywając po drodze nowe smaki, tekstury i techniki.

Ale nasza podróż nie kończy się tutaj. Wracając do naszych kuchni, uzbrojeni w nowo odkrytą inspirację i uznanie dla nasion, kontynuujmy eksperymenty, innowacje i tworzenie. Niezależnie od tego, czy gotujemy dla siebie, swoich bliskich, czy gości, niech przepisy zawarte w tej książce kucharskiej będą źródłem radości i satysfakcji na długie lata.

A kiedy delektujemy się każdym pysznym kęsem dobroci nasyconej nasionami, pamiętajmy o prostych przyjemnościach związanych z dobrym jedzeniem, dobrym towarzystwem i radością gotowania. Dziękujemy, że dołączyłeś do nas w tej aromatycznej podróży po świecie nasion. Niech Twoja kuchnia zawsze będzie wypełniona zdrową dobrocią nasion, a każde danie, które stworzysz, będzie celebracją zdrowia, smaku i kreatywności.

www.ingramcontent.com/pod-product-compliance
Lightning Source LLC
Chambersburg PA
CBHW070659120526
44590CB00013BA/1018